조선대학교 재난인문학연구사업단
재난인문학 번역총서 05

천재지변으로 비춰본 일본의 역사

조상으로부터 배우는 방재

* 이 책은 2019년 대한민국 교육부와 한국연구재단의 지원을 받아 수행된 것임.
(NRF-2019S1A6A3A01059888)

조선대학교 재난인문학 번역총서 05

천재지변으로
비춰본
일본의 역사

天災から日本史を読みなおす
―先人に学ぶ防災

조상으로부터 배우는 방재

이소다 미치후미(磯田道史) 지음

강희숙·이덕배 옮김

한국어판 기획 / 조선대학교 재난인문학연구사업단

역락

발간사

    조선대학교 인문학연구원이 〈동아시아 재난의 기억, 서사, 치유—재난인문학의 정립〉이라는 연구 아젠다로 교육부와 한국연구재단이 지원하는 인문한국플러스(HK⁺) 사업에 첫발을 내디딘 지 어느덧 3년째가 되었다. 그동안 우리는 아젠다를 심화하기 위한 방안으로 학술세미나와 공동연구회(클러스터), 포럼, 초청특강, 국내·국제학술대회 등 다양한 학술행사를 개최하는 한편, 지역사회와 연계한 지역인문학센터를 설치하여 '재난인문학 강좌'와 'HK⁺인문학 강좌'를 다채롭게 기획, 운영해 왔다.

    이제 지난 3년간의 성과물 가운데 하나로 재난인문학 관련 번역총서를 간행하는 작업도 빼놓을 수 없는 과제가 되었다. 『천재지변으로 비춰본 일본의 역사』는 이와 같은 취지에서 기획된 다섯 번째 '재난인문학 번역총서'이다.

    인류가 지나온 발자취를 재난이라는 렌즈를 통해 살펴볼 것 같으면 인류의 역사는 다름 아닌 재난의 역사라고 해도 틀린 말이 아니다. 홍수와 가뭄, 태풍, 지진, 해일 등 온갖 종류의 자연재해를 비롯하여 산불 및 각종 화재, 대형 사건과 사고, 전쟁과 국가폭력, 끊임없이 생명을 위협해 왔던 전염병 혹은 감염병 등 개인의 실수나 잘못, 사회나 국가가 저지른 억압이나 시스템 붕괴로 야기된 다양한 사회재난을 피할 수 없었던 것이 바로 인류의 역사라고 할 수 있기 때문이다. 근래 들어서는 황사와 미세먼지, 폭염, 식량난, 이로 인한 난민 발생 등 기후 관련 재난도 날로 심각해지고 있음을 간과하기 어렵다. 더욱이 인류는 현재 코로나19 팬데믹의 고통 속에서 헤어나기 어려운 상황에 놓여 있는 만큼 재난의 역사는 우리나라만의 일이 아니라, 동아시아가, 좀 더 폭넓게는 전 세계가 공동으로 경험하고 있는 일임에 틀림이 없다.

이와 같은 재난의 역사 속에서 우리 사업단이 일본의 역사학자인 이소다 미치후미 교수의 저서 『天災から日本史を読みなおす─先人に学ぶ防災』를 우리말로 옮기는 작업에 착수하여 『천재지변으로 비춰본 일본의 역사』라는 제목의 번역서를 세상에 내놓은 것은 여러 가지로 의미 있는 작업이라고 본다. 원저의 부제가 '조상으로부터 배우는 방재(防災)'임을 고려할 때, 저자는 역사학자다운 통찰력으로 거대복합재난의 고통에 대한 답이 어쩌면 조상들이 남겨 놓은 다양한 유형의 기록 속에 놓여 있었음을 간파하고 있다고 할 수 있다. 본 사업단의 아젠다와 크게 관련이 있는 문제 인식이 아닐 수 없다. 또한 이 책은 지진과 쓰나미 같은 단순한 자연재해가 아닌, 사람을 주인공으로 하는 방재 관련 역사서의 성격을 띤다는 점에서 '재난에 대

한 인문학적 성찰'을 목표로 한 지난 3년간의 작업과도 밀접한 관련이 있다고 할 것이다.

저자는 책의 서문에서 "과거에서 우리가 살아가는 데 필요한 빛을 찾아내고자 한다."라는 포부를 밝히고 있다. 동아시아가 공동으로, 또는 각국이 경험해 온 특수한 재난의 기억과 역사를 새롭게 조명해야 할 이유이다. 다섯 번째 번역서의 간행을 또 하나의 출발점으로 어두운 시대를 밝힐 수 있는 찬란한 빛을 찾아낼 수 있기를 간절히 바란다. 또한 어려운 번역 작업에 참여하여 팬데믹 못지않은 고통의 시간을 보낸 분들의 노고에도 깊은 감사의 뜻을 전한다.

조선대학교 재난인문학연구사업단장 강희숙

역자 서문

　동일본을 강타하였던 일본 근대 지진 관측 사상 최대 규모의 대지진과 쓰나미, 그리고 뒤이은 도쿄전력 후쿠시마원전사고가 발생한 지도 벌써 10여 년이 흘렀다. 그럼에도 2011년 동일본대지진이 여전히 우리에게 충격으로 남아 있는 것은 무엇보다 이후 한반도에서도 작지 않은 규모의 지진들이 곳곳에서 발생하고 있어 지진이 더 이상 남의 나라 이야기가 아니기 때문이라고 할 것이다.

　이 같은 상황에서 우리가 주목해야 할 한 권의 재난 관련 역사서가 동일본대지진의 충격에서 미처 빠져나오지 못했을 2014년의 일본에서 출판되었다. 역사학자이자 교토 소재의 국제일본문화연구센터 교수인 이소다 미치후미의 저서 『天災から日本史を読みなおす－先人に学ぶ防災』이다. 이 책을 우리말로 옮긴 것이 바로 『천재지변으로 비춰본 일본의 역사』이다. 이소다 교수는 막부 말기 격동의 시기를 살았던 무사의 생활을 조명한 책 『武士の

家計簿(무사의 가계부)』의 저자로 널리 알려진 연구자이다.

　사실 동일본대지진이 있기 훨씬 이전부터 일본의 고고학자들은 대지진에 대한 위기의식을 가지고 천재지변, 곧 자연재해를 고려하여 일본사를 재조명하였다. 이와 같은 분위기에서 불가항력의 재난에 대응하여 살아남은 조상들의 지혜를 배워야 한다는 인식과 판단 아래『天災から日本史を読みなおす-先人に学ぶ防災』같은 저술의 필요성을 절감하고 있었다고 할 수 있다.

　『天災から日本史を読みなおす-先人に学ぶ防災』에서 이루어진 일본사의 재조명은 16세기 말 도요토미 히데요시 시기에서부터 동일본대지진 시기에 이르는 430년 이상의 역사적 시간의 강줄기를 섭렵하고 있다. 이 시간 여행자의 시선은 오랜 세월 동안 일본 열도에서 발생했던 다양한 자연재해가 초래한 개인과 사회와 국가 권력의 변화에 유난히 예리하다. 그리하여 때로는 1586년 일본의 중부 지방에 엄청난 피해를 주었던 텐쇼 대지진과 쓰나미, 그로부터 10년 뒤인 1596년의 후시미 지진이 어떻게 전국 시대 무장의 권력 이동을 가능하게 하였는지에 관심을 두는가 하면, 때로는 1828년 사가번에 일어났던 사상 초유의 태풍 시볼트가 일본의 근대화에 끼친 절대적인 영향에 시선을 멈추기도 한다.

　재난의 영향력은 국가와 공동체라는 거시적 차원에만 미치는 것은 아니다. 따라서 저자의 눈길은 지진과 쓰나미, 산사태와 화산 폭발 등 인간의 힘으로 감당하기 어려운 재난으로 사랑하는 가족을 잃은 이들의 참상과 재난에서 극적으로 살아남은 가족의 소소한 이야기, 서로에게 힘이 되어 주는 이웃 간의 따뜻한 인간애에까지 확장되고 있다.

이렇듯 역사가 남겨준 지혜와 교훈에 주목하여 재난에서 살아남기 위한 방재 대책에는 어떤 것이 있는지, 또 상대적으로 재난피해에 취약한 재난 약자에는 어떠한 유형이 있는지에 대해서도 면밀하게 살피고 있다. 이 책이 지진과 쓰나미와 같은 단순한 자연재해가 아닌 사람을 주인공으로 하는 방재의 역사서임을 확인할 수 있게 해 주는 대목이다.

이 책의 한 가지 주목할 만한 점은 재난의 실체는 물론이고 그것이 초래한 사회 경제적 변화에 대한 저자의 면밀한 분석이, 오롯이 재난을 경험한 개인의 기록이나 일기, 지자체의 역사서 등 다양한 유형의 고문서 기록을 바탕으로 하고 있다는 사실이다. 재난 관련 기록을 얻기 위해서라면 식사 도중 집을 뛰쳐나가기도 하고, 아무리 먼 거리도 마다하지 않고 현장을 발로 뛰며 직접 답사하는 모습을 보여주고 있어 그 열정과 실증적 연구 태도가 모든 역사학도의 귀감이 될 만하다고 할 것이다.

저자가 제기하고 있는 '세 가지 자연의 위기' 또한 주목할 만하다. 지진과 쓰나미 같은 지구학적 위기, 지구 온난화에 따른 풍수해나 산사태 같은 기상학적 위기, 항생물질에 내성을 지닌 병균이나 유행성 출혈열 같은 감염병 위기가 그것이다. 자연의 위기에 대한 이와 같은 저자의 인식은 현대 문명이 안고 있는 다양한 유형의 위험(risk)에 대해 경종을 울리고 있는 울리히벡과 같은 사회학자들의 인식과 그 맥이 닿아 있다고 할 수 있다. 현대 사회가 당면한 과제로 범죄예방, 테러 및 전쟁을 억제하고 예방하는 외교, 경제위기의 방지 등에도 저자의 관심이 놓여 있는바, 앞으로 넓은 의미의

'위기관리역사학'이 쓰여질 수 있을 것으로 기대한다.

옛사람의 경험과 지혜는 미래에도 계속해서 그 효력을 발휘할 수 있다는 저자의 주장처럼, 위기의 시대를 슬기롭게 건너기 위해서는 우리 선조들이 경험한 재난의 역사에 눈을 돌리는 태도가 필요하다고 본다. 이는 역사학의 범주를 넘어 인문학, 특히 우리의 재난인문학이 가야 할 길이 아닐까 한다.

마지막으로, 이 번역서의 작업은 지금은 대학에서 자리를 비우셨지만, 저명한 일본어학자인 이덕배 교수님의 도움이 아니었다면 거의 불가능한 일이었다. 본문 안에 포함된 대화 장면의 맥락을 고려하여 표준어가 아닌 남도 방언으로 옮김으로써 자연스러운 우리말로 번역하기 위한 노력의 중요성을 일깨워주었음은 물론 원저의 시간적, 공간적 배경에 대한 폭넓은 이해를 토대로 필요한 정보를 주석으로 채우는 작업까지 꼼꼼히 해 주셨음을 '언급'하지 않을 수 없다. 이 자리를 빌려 진심으로 감사를 드린다.

역자를 대표하여 강희숙 씀.

이탈리아 역사철학자가 겪은 대지진

자연재해가 일어나면 인간이 역사를 보는 방식, 아니 세상을 바라보는 방식이 확연하게 바뀐다. 나는 그러한 소년을 1883년의 이탈리아에서 보았다. 그 소년이 지진을 만나는 불행을 겪지 않았다면 내가 『무사의 가계부』를 쓰는 일도 없었을 것이다.

이탈리아 남부 나폴리 인근은 일본처럼 지진이 많은 곳이다. 고대 로마 제국 시대로부터 지진과 화산으로 인한 피해가 계속 있어 왔다. 나폴리 연안에는 이스키아라는 온천 섬이 있는데, 1883년 7월 28일, 이 섬에 지진이 일어났다. 진도 5.6의 국지적 지진이었으나 진원이 깊지 않아서 섬의 온천가 카사 밋초라는 13초간의 흔들림으로 마을 전체가 거의 파괴되었다. 진도는 6에서 7이었을 것이다.

뉴욕타임즈에 따르면 당시 상류계급 사람들 대다수는 극장에 있었는데, 밤 아홉 시 반에 갑자기 엄청난 충격이 닥쳐와 밋초라의 가옥들이 거의 모두 무너져 내렸고 최소 3,000명이 사망했다. 연표 등에는 이스키아 지진으로 인한 사망자가 2,300명으로 되어 있으나 3,100명이라는 연구도 있다(『ANNALI DI GEOFISICA』 38호, 1995년).

지진 당시 여름철 온천 휴가를 즐기고 있던 한 이탈리아 부유층 가족 다섯 명은 부모를 비롯해 두 아들과 딸이 모두 건물 더미 아래 갇히고 말았다. 촛불에 의지하여 여러 시간 동안 수색한 끝에 이들을 발견했을 때, 부모와 여동생은 이미 숨진 상태였고 체력이 있는 형제 두 사람만 살아남았다.

이들 형제 가운데 형은 훗날 세계적인 역사철학자가 된 베네딕트 크로체로서 구조 당시 열일곱 살이었다. 고아가 된 형제는 아버지의 사촌 실비오 스파벤타의 집에서 살게 되었다. 스파벤타는 이탈리아 통일운동에 공헌한 국회의원으로서 경찰청장을 지냈고, 로마의 궁전 옆에 있는 그의 저택에는 이탈리아의 일류 지식인들이 드나들었다.

크로체는 뜻하지 않게 급작스럽게 이러한 환경에 내던져진 것이었다. 그는 자서전에서 당시 느낀 허탈감을 이렇게 기술하였다.

> "우리 집안에 닥친 액운에 망연자실하여…… 병이 든 것도 아니면서 온갖 병이 난 것처럼…… 나에게서 희망의 기쁨을 모두 앗아가 버렸다."

최근 '재해 우울증'이라는 용어가 쓰이고 있는데, 이러한 고통은 직접 겪은 사람이 아니면 모를 것이다.

"그 세월은 나에게 가장 슬프고 어두운 시기였다. 밤에 베개를 베고 잠자리에 누우면서 아침에 눈이 떠지지 않기를 간절하게 빌었고 자살 충동까지 느꼈다."라고 한다[사카이 나오요시(坂井直芳) 역, 「베네딕트 크로체 자서전」, 『19세기 유럽사』].

그러나 시간은 고통당하는 자의 편이다. 괴로운 것은 지금 이 순간일 뿐 영원히 계속되는 것은 아니라고 생각하면 벗어날 수 있다. 크로체는 로마의 도서관에 드나들기 시작하였고, 스파벤타 집에서 철학자 라브리오라와 조우하여 철학과 역사 연구에 입문하게 된다.

데카르트와 반대로 크로체는 "내가 존재하므로 나는 생각한다.", "삶은 이성보다 앞선다."라는 것을 깨달아서였는지 '생의 철학'과 역사를 결부시켰고 세계적으로 유명한 역사철학의 심오한 명언 "모든 참된 역사는 현대사이다."라는 말을 남긴다.

인간은 현대를 살아가기 위해 과거를 응시한다. 무릇 역사란 현대인이 현대의 눈으로 과거를 바라보고 기록한 현대의 반영물이기 때문에 모든 역사는 현대사의 일부라 할 수 있다. 역사는 그 시대의 정신을 표현한 것, 살아가는 인간의 것이 아니겠는가.

크로체의 사상을 공부한 나는 불황의 늪에 빠져 있는 일본에서, 막부 말 격동의 시기를 살았던 무사의 생활을 조명하여 『무사의 가계부』라는 책을 썼다. 그로부터 8년 뒤 대지진이 발생하였고, 재해를 겪으면서 역사를 바라보는 우리의 관점과 가치관도 바뀌어 가고 있다.

근대화 이전 사회는 자연환경의 영향을 크게 받았다. 농업을 중심으로 하는 자연경제였기 때문에 그럴 수밖에 없었다. 대지진 이후의 역사학을 비롯한 모든 학문은 자연 속에서 인간이 얼마나 왜소한 존재인지 겸허하게 자각해야 할 것이다.

자연재해를 시야에 넣어 일본사를 재조명하는 것이 필요한 단계에 온 것이 아닐까 한다. 인간의 능력을 과신하지 않고 자연의 힘을 고려할 때 비로소 새로운 시야가 우리 앞에 펼쳐질 것이다.

대지진으로 인해 우리는 너무나도 큰 것을 잃었다. 상실은 괴로운 것이다. 그러나 상실의 고통 속에서 미래의 빛을 만들어내야 한다고 본다. 과거로부터 우리가 살아가는 데 필요한 빛을 찾아내고자 한다. 크로체가 그랬던 것처럼.

목 차

◇ 이 책에 나오는 주요 재난지역

- ● 지진
- ◉ 쓰나미(지진 포함)
- □ 얕은 여울
- △ 토사 붕괴
- ▲ 분화, 화산재

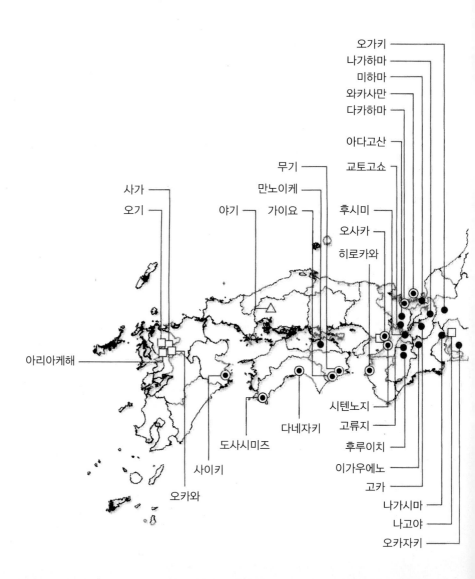

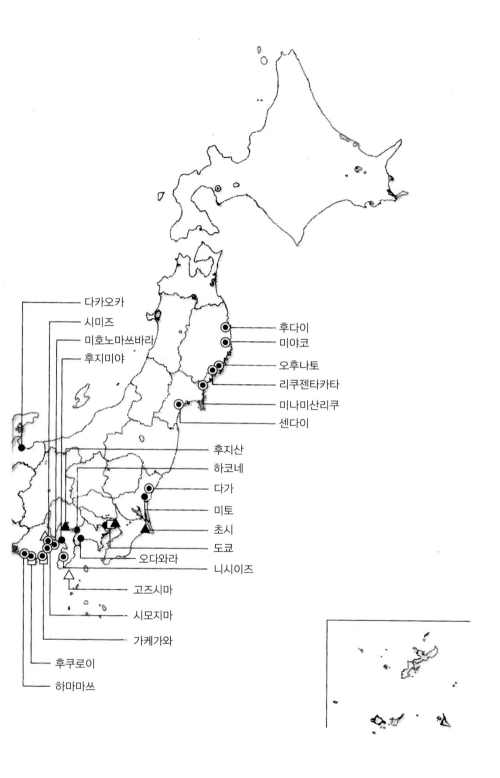

다카오카

시미즈

미호노마쓰바라

후지미야

후다이

미야코

오후나토

리쿠젠타카타

미나미산리쿠

센다이

후지산

하코네

다가

미토

초시

도쿄

오다와라

니시이즈

고즈시마

시모지마

가케가와

후쿠로이

하마마쓰

제1장 히데요시와 두 개의 지진

1. 텐쇼 지진과 전국시대 무장

조상들은 지진 발생 시각을 어떻게 측정했는가

텐쇼 지진은 태양력, 지금의 그레고리력으로 1586년 1월 18일에 발생했다. 지금과 같은 기계 시계가 없던 때였기 때문에 지진이 일어난 시각에 대한 당시 일기의 기록은 제각각이다.

『이에타다 일기(家忠日記)』에는 해시(亥時: 21시-23시)라 하고 『도다이키(當代記)』에는 자시(子時: 23시-01시)라는 식인데, 한밤중이었던 것은 분명하다. 혼간지(本願寺) 겐뇨(顯如)의 가신 우노몬도(宇野主水)가 기록한 『가이즈카 고자쇼(貝塚御座所) 일기』에는 '사반시과(四半時過)'라고 하였으며, 나라 고후쿠지(興福寺)의 『다몬인(多聞院) 일기』에도 '해하각(亥下刻)'이라 하였다. 여러 기록 가운데 이 두 기록이 가장 세분화된 발생 시각을 기록하고 있을 뿐 아니라 일치하고 있는 것을 볼 때 밤 11시 무렵에 일어난 지진이었다고 보는 것이 맞을 것이다.

시계가 없던 때에 인간은 태양의 위치로 시각을 식별했다. 따라서 맑은 날 해 뜰 무렵이나 해 질 녘 정오 가까운 때에 일어난 지진 발생 시각은 정확히 기록할 수 있으나, 흐린 날이나 밤중에 일어난 지진은 발생 시각을 제대로 알기가 어렵다. 1662년 한밤중에 발생한 간분(寬文) 교토 지진 발생 시각을 기록한 고문서를 22가지 정도 찾아내어 비교해 본 적이 있는데, 기록된 시각에 3시간이나 편차가 있었다.

일본에서 시계를 사용하여 지진 발생 시각을 기록하기 시작한 것은 1700년 이후로 보인다. 1707년 호에이(寶永) 지진 때의 나가사키현 쓰시마번 사료에는 "오사카에서 전해 오기를 이달 4일 12시 반 무렵에 오사카에 큰 지진이 있어 시계가 2, 3보 동안 흔들렸다."라고 되어 있다(『신수 일본지진 사료』 제3권 별권 62쪽).

에도시대 다이묘(大名) 시계의 눈금은 일각(약 120분)을 10분의 1로 나눈 것들이 많은데 눈금이 가장 작은 것은 12분 전후이다. 또한 당시에 하루 24시간을 100분의 1로 나눈 것도 있는데 이것은 14.4분이다.

여하튼 에도시대에는 다이묘(大名) 시계와 같은 기계 시계로 측정한다 해도 12분 이하 시간 단위는 없는 데다 분이나 초가 없는 시대였기 때문에 분과 초를 표현하려면 '거리로 쳐서 ○걸음 걷는 시간'이라든가 '차를 ○차례 끓이는 시간'이라는 식으로 표현하는 수밖에 없었다. 그런데 텐쇼 지진이 일어나던 날 교토에서는 별을 볼 수 있었을 가능성이 높다. 가네미쿄기

(兼見卿記)에는 그다음 날이 '맑음'이라고 되어 있기 때문이다.

혼간지의 가이즈카 고자쇼와 코후쿠지 다몬인에서 지진이 발생한 시각을 어떻게 알았는지에 대해서는 알려진 바가 없다. 인간의 감각으로 알았을 수도 있고, 겨울 밤하늘 오리온자리의 삼태성을 보고 시각을 추측할 수 있는 천문지식이 있었을지도 모른다.

절에서는 향을 피우는데 향이 타는 속도가 의외로 정확해서 향이 탄 길이를 보고 시간을 재는 향시계라는 것이 있었다. 하루 밤낮 36시간 타는데 시간 편차는 30분 이내라고 한다[오노데라 고지(小野寺公二), 「향시계」, 『생활수첩』 1970년 제6호].

기후현 군조시 하치만초에 있는 와카미야(若宮) 집안에 무로마치 시대 후기의 향시계 실물이 남아 있는데, 기후현의 중요 유형 민속문화재로 지정되어 있다. 지진 진동으로 향시계 받침과 재가 흔들려 부서지지만 않으면 지진 발생 시각을 오차 범위 30분 이내로 정확히 알 수 있었던 셈이다. 혼간지와 고후쿠지 같은 사찰의 기록 가운데 지진 발생 시각을 '○半' '○下刻'과 같이 더 작은 시간 단위로 기록한 것이 들어 있는 것은 이러한 향시계가 있었다는 사실과 관련이 있을 가능성이 있다.

근대 이전 사회에서는 신분에 따라 시간에 대한 지식의 격차가 매우 컸다. 성직자가 종을 침으로써 일반 백성들에게 시각을 알려주던 시간 지식에 관한 엘리트의 지위를 상실한 때가 바로 근대 사회가 시작되는 때이다.

야마우치 딸의 죽음

텐쇼 지진을 겪은 전국시대의 무장과 그 가족의 상황에 대해 살펴보자. 야마우치 가즈토요(山內一豊)는 명마를 사 준 슬기로운 아내 덕분에 출세한 무장으로 알려져 있다. 이 이야기는 태평양전쟁이 일어나기 전에는 교과서에도 실렸고, 시바료타로(司馬遼太郎)의 소설 『공명의 길(功名が辻)』과 NHK 대하드라마로도 제작되었을 정도로 널리 알려져 있다. 그런데 이들 야마우치 부부가 텐쇼 지진 때 사랑하는 외동딸을 잃었다는 사실은 오늘날 별로 알려져 있지 않다.

텐쇼 지진 당시 야마우치 가즈토요는 지금의 시가현인 오미(近江)의 나가하마(長浜) 성주였다. 나가하마성은 도요토미 히데요시(豊臣秀吉)가 오다 노부나가 휘하에서 하시바(羽柴) 히데요시라는 이름을 가지고 있을 때 쌓은 성이다. 히데요시는 병참과 물자수송에 특출한 능력이 있었다. 그는 수로를 통한 물자수송을 가장 중시하여 물 가까운 곳에 여러 성을 쌓았는데, 토목에 조예가 있어서 소나무로 기둥을 박아 기초를 탄탄하게 했다. 그러나 당시의 기술로 볼 때 물가의 연약 지반에 성을 쌓는 것은 위험한 일이었다. 나가하마성도 비와(琵琶)호의 수운을 우선시하여 무리하게 쌓은 것이었다.

이것이 문제였다. 1586년 1월, 음력으로 텐쇼 13년 11월 29일 한밤중에 나가하마성은 엄청난 지진에 휘말렸다. 땅이 꺼지고 성 밖 마을이 송두리째 무너져 내렸다. 성주 야마우치 도요카즈는 성을 비운 상황이었다. 히데요시의 조카 히데츠구(秀次)의 중신이었던 도요카즈는 교토에 가 있었고 그의 아내가 가신들과 함께 성을 지키고 있었던 것이다.

야마우치 도요카즈와 그의 아내 사이에는 만 다섯 살 난 오요네라는 외동딸이 있었는데 금이야 옥이야 하며 애지중지하며 기르고 있었다. 그런데 텐쇼 지진으로 도요카즈의 아내와 오요네가 잠들어 있던 나가하마성 안채가 순식간에 무너졌다.

그 비참한 광경은 야마우치 가신의 공적록 「어가중명예(御家中名譽)」에 자세히 기록되어 있다. 가장 먼저 달려온 것은 가신 고토 이치자에몬(五藤市左衛門)이었다. 고토의 증언 덕택에 약 430년 전 전국시대에 무너진 건물에서 이루어진 구조 작업의 실상이 오늘날까지 전해지고 있다.

> "제일 먼저 달려가긴 했으나 너무 어두워서 아무것도 보이지 않았다. 그런데 무너진 안채 위쪽에서 '이치자에몬인가?'라는 마님(도요카즈의 아내)의 목소리가 들렸다. 지체 없이 '예'라고 대답했더니, (마님께서) '오요네는?'하고 물으셨다."

야마우치 도요카즈의 아내는 무너진 안채에서 가까스로 빠져나와 칠흑 같은 어둠 속에서 사랑하는 딸을 찾아 헤맸다. 그러나 세상은 전국시대였다. 나가하마성의 돌담과 벽은 지진으로 무너졌고 그 혼란을 틈타 밤도둑이 성안에까지 들어올 가능성이 있었다. 누군가에게 죽임을 당할 수도 있었고 여진도 계속되었다.

고토는 내심 '(오요네 아기씨는) 살아계시기가 어려울 것'이라고 생각하면서도 처음으로 큰 거짓말을 했다. "(아기씨는) '지금 잘 계십니다.'라고 마님께 (지어낸 말로) 말씀드리고 위험이 없는 곳으로 모셨던"것이다. 그러고 나서 고토는 "곧바로 아기씨(오요네) 방으로 가서 (무너져 내린) 지붕을 파헤쳐 보니 커다란 들보가 떨어져 있고 그 밑에 (오요네 아기씨가) 유모와 함께 숨이 끊어 진 채 엎드려 계셨다."

『무가사기(武家事紀)』에 따르면 당시 야마우치 가문은 2만 석을 받는 영 주였다. 하급 병사인 아시가루(足輕)까지 포함하여 500명이 조금 넘을 정도 의 별로 크지 않은 영주였던 것으로 보이는데 "성안에서 (중신) 이누이 히코 사쿠(乾彦作)를 비롯하여 수십 명이 자결"하였다.

"무너진 건물 밑 여러 곳에서 불이 나는 바람에 불에 타 죽은 사람도 적지 않았다. 집안사람들이 여럿 달려와서 겨우 불을 껐다."라고 기록하고 있다.

지진으로 건물이 무너지고 어린아이들처럼 재해에 취약한 사람들이 죽 어가는 때에 지진으로 인해 발생하는 불을 꺼야 하는 상황은 현대를 살아 가는 우리에게도 결코 강 건너 불이 아니다.

딸의 죽음 이후 지진 피해 고아를 돌봄

인간의 사랑으로 지진조차도 학문융성의 계기로 바뀌는 경우가 있다. 텐 쇼 지진으로 나가하마성이 무너지고 후일 초대 도사(土佐) 영주가 되는 야 마우치 도요카즈의 다섯 살 딸 오요네가 깔려 숨진 이야기에는 그 뒤에 이 어지는 이야기가 있다.

지진 피해는 성 밖 마을에까지 미쳤다. 『프로이스 일본사』에 따르면 "나가하마성이 있는 곳에는 인가가 1천 호에 달하는 마을이 있었는데, (여기에) 지진이 일어나 땅이 갈라지고 가옥 절반과 수많은 사람이 땅속으로 빨려 들어가고, 남은 절반의 집들은 불에 타서 재만 남았다." 나가하마성 밖 마을의 참상은 프로이스 선교사에 의해 유럽에까지 전해졌다.

게다가 1586년 1월 18일 텐쇼 지진 발생 당일은 추웠다. 『히토쓰야나기가기(一柳家記)』에는 기후현 오가키(大垣)에 폭설과 대지진이 있었다고 하고, 『이에타다 일기(家忠日記)』에는 아이치현 오카자키(岡崎)성에도 눈과 함께 대지진이 있었다고 하며, 『사사내력(寺社來歷)』에는 대지진으로 도야마현 다카오카(高岡)시 기부네(木舟)성이 무너지고 많은 눈과 홍수가 성안으로 밀려들었다는 기록이 있다.

호쿠리쿠(北陸)에서 도카이(東海)에 걸친 지역에서 지붕에 눈이 많이 쌓이는 바람에 전국시대의 튼실하지 못한 건물들이 지진에 버티는 힘이 더 약해졌을 가능성이 있다.

나가하마에서도 화재로 평민 무사들이 한데로 나앉는 지경이 되었는데, 버려진 아이가 야마우치 도요카즈의 아내의 눈에 띈 것은 그 뒤 얼마 안 되어서였다. 오요네를 잃은 뼈아픈 슬픔에 잠겨 있을 때 측근이 전했다.

"성 밖에 버려진 아이가 있습니다. 아이를 풀로 엮은 바구니에 넣었고 짧은 칼 한 자루가 들어 있는 것을 보니 무사 집안 아이가 아닌가 싶습니다."

도요카즈의 아내는 불쌍한 생각이 들었다. 딸을 잃은 허탈함까지 더해져서 이 사내아이를 데려다 키우고 싶은 마음이 생겼다. 아이를 데려오라 하고 주워온 아이라는 의미로 '히로이(拾い)'라는 이름을 붙여주고 기르게 된다.

젖을 먹일 엄마가 지진 때 세상을 떠났는지 아니면 지진 뒤에 이어진 생활고 때문이었는지 아이를 버린 이유에 대해서는 알 길이 없다. 그러나 나가하마는 조그만 고을이라 머지않아 버려진 아이는 기타무라 주베마사오라는 가신의 셋째 아이라는 소문이 들려왔다. 그럼에도 야마우치 부부는 히로이를 친자식처럼 지극한 사랑으로 길렀다. 처음에는 죽은 딸 오요네의 명복을 비는 마음으로 길렀으나 갈수록 정이 들어 도요카즈는 "나에게 아들이 없으니 마침 잘 되었다. 양자로 삼겠다."라고까지 말하게 되었다.

그러나 유력 다이묘로 향하는 계단을 오르기 시작한 도요카즈는 가문의 체통이 있는 데다 조카까지 있었기 때문에 히로이에게 가문을 잇게 할 수는 없었다. 야마우치 부부는 열 살이 된 히로이와 의논한 끝에 교토에 있는 묘신사(妙心寺)로 보내 학문을 닦게 하기로 하고 학비로 황금 100매를 보냈다(細川潤次郎, 『山內一豊夫人若宮氏伝』).

히로이는 학문적 재능이 뛰어나 후일 쇼난소케(湘南宗化)라는 명망 있는 학승이 되어 도사번이 토사남학(土佐南學)으로 이름 높은 학문의 번이 되게 하는 소중한 인재가 되었고, 대학자 야마자키 안사이(山崎闇齋)를 길러내기도 하였다. 야마자키는 후일 아이즈(會津) 영주 호시나 마사유키(保科正之) 문하에 들어가 아이즈번의 학문 수준을 크게 향상시킨다.

학자가 많지 않았던 에도시대 초기에는 한 사람의 존재가 컸다. 막부 말

기에 역동적인 역할을 한 도사번과 아이즈번이 높은 학문 수준을 갖추게
된 것은 야마우치 부부가 지진으로 피해를 본 고아를 지원한 사실과 무관
하지 않다.

나는 야마우치 도요카즈의 아내와 관련한 교훈 조의 이야기보다 이러한
이야기를 더 널리 알릴 필요가 있다고 생각한다. 지진으로 피해를 보는 것
은 불행이지만 인간의 사랑으로 불행이 행운으로 바뀌기도 한다. 재난 이
후에야말로 인간이 어떻게 사는가 하는 것이 중요하다는 생각을 떨쳐버릴
수 없다.

이에야스의 살아남기 작전

1582년 오다 노부나가가 혼노지(本能寺)에서 살해된 뒤 4년간은 뒤를 이
어 천하를 장악할 사람을 찾아가는 과정에 해당한다.

텐쇼 지진은 근세 일본의 정치 구조를 결정하는 계기가 된 대지진이었
다. 텐쇼 지진이 일어나지 않았다면 두 달 뒤 도쿠가와 이에야스(德川家康)
는 도요토미 히데요시 대군의 총공격을 받게 되어 있었고, 세력은 히데요
시 군이 압도적으로 우세한 상황이었다. 이에야스는 1584년 나가쿠테(長久
手) 전투에서 히데요시 군대에 한 차례 승리를 거두긴 했으나 히데요시가
대군을 이끌고 또다시 공격해 온다면 또다시 전과 같은 눈부신 승리를 거
둘 수 있다고 보기는 어려운 상황이었다.

이에야스는 멸문지화의 가능성까지 염두에 두고 있었다. 그 증거는 도쿠

가와의 책사이자 오른팔 격인 이시카와 가즈마사(石川數正)가 이젠 끝장이라고 생각하고 제일 먼저 배신한 사실이다. 히데요시가 제시한 십만 석에 등을 돌렸다는 소문이 돌자 이에야스의 가신들은 동요했다(「參州實錄 御和談記」).

이때가 1585년 11월 13일이었다. 18일, 승기를 잡은 히데요시는 공격의 최전방 기지인 오가키(大垣)성에 군량 창고를 짓게 했다. 히데요시의 지시는 세밀하여 히토쓰야나기 문서(一柳文書)에 "흙으로 벽을 바르고 5천 가마니 정도 쌓아 두라. 물가 선착장에 짓고 둘레에 호를 파서 지키기 좋게 하라.", "묵은쌀을 햅쌀로 교체하라."라고 되어 있다. 히데요시는 전방의 병사들에게 맛 좋은 햅쌀을 먹이겠다는 생각까지 하고 있었던 것이다.

다음날인 19일, 히데요시는 사나다 마사유키(眞田昌幸)에게 보낸 편지에서 다음과 같이 이에야스 토벌을 공언한다.

군사를 늘려 이에야스를 처단하기로 했다. 올해 안에는 시간이 없으니 내년 정월 15일 이전에 반드시 (이에야스 공격에) 직접 출진하겠다.

전쟁이 시작된다면 이에야스가 불리한 상황이었다. 모리(毛利), 우키타(浮田), 시코쿠(四國)의 병력이 가세한 히데요시 군의 병력은 나가쿠테 전투 때의 숫자보다 많았던 것이 확실하다(「御和談記」). 이에야스는 딸을 시집보낸 다이묘 호조(北條)로부터는 원군을 보내겠다는 약속을 받아 두었지만 다른 다이묘들로부터는 원군을 기대할 수가 없었다. 가신들이 등을 돌리는 것도 두려웠다.

얼마 전, 나는 이에야스가 필사적으로 짜낸 살아남기 작전 계획의 일부를 엿볼 수 있는 사료를 발견했다. 에도시대 중엽의 자료이기 때문에 비판적 검토가 필요하긴 하지만 매우 흥미로운 자료이다. 기시 야스요시(岸康賢)의 『어년보미고(御年譜微考)』라는 책자에 이에야스가 중신들과 전략회의에 골몰했던 다음과 같은 내용이 들어 있다.

> 히데요시는 종잡을 수 없는 무장이다. 며칠 내에 비슈(尾州, 아이치현 서부)로 쳐들어올 것이다. (우리 쪽 다이묘들이 돌아서지 않도록) 속히 스루가(駿河, 시즈오카현), 시나노(信濃, 나가노현)는 말할 것도 없고 미카와(三河, 아이치현 동부)에서도 인질을 데려다 하마마쓰(浜松)성에 두고 나루미(鳴海, 나고야시 미도리구)로 진출하여 히데요시 군대와 맞서야 한다.

이에야스는 오케하자마(桶狹間)의 옛 싸움터가 된 나루미에 가까운 구릉지대에 본대 3만 명가량을 배치한 다음 히데요시 군대를 맞아 싸울 계산을 하고 있었던 것이다.

히데요시가 비슈로 나오면 예전과 같이 토성을 쌓고 목책을 둘러 장기전 채비를 하고 시간이 가기를 기다린다. 그러다가 이이 나오마사(井伊直政, 도쿠가와의 별동대) 등 1만 5천 명 남짓으로 미노(美濃, 기후현)의 도키(土岐)와 도야마(遠山)로 쳐 나아가 기후(岐阜), 이와무라(岩村) 근방 마을에 불을 지르고 앞뒤에서 적을 포위한다. 혹시 패배하더라도 사냥꾼과 마을의 일거리 없는 농민들에게 활과 총을 많이 주어 잠복하게 해서 게릴라전을 지속한다는 것이 이에야스의 작전이었다.

얼른 보기에는 당연해 보이지만 이 작전은 쉽지 않은 것이었다. 10만 명으로 예상되는 히데요시 군에 비해 이에야스의 병력은 4만 남짓밖에 안 되었다. 이에야스로서는 버거운 싸움이 시작되려 하고 있었다.

지진 덕택에 살아난 이에야스

그런데 텐쇼 지진이 일어나는 바람에 이 전투를 피하게 되었다. 그 상황을 살펴보기로 하자.

1585년 음력 11월 28일, 도쿠가와 이에야스는 오카자키성에서 도요토미 히데요시가 보낸 사자와 격렬한 논쟁을 벌이고 있었다. 이에야스가 "내가 무엇 때문에 히데요시를 따라 교토로 올라가야 하는가?"라고 하자, 사자는 "안 그러면 히데요시가 대군을 이끌고 공격해 올 것이오."라고 협박하였다. 히데요시는 도쿠가와를 토벌하기 위한 출정 날짜를 정월 15일로 결정해 두고 있었다.

이에야스는 짐짓 위세를 부렸다. "히데요시의 대군이라 해도 10만을 넘진 않을 것이다. 내가 미카와(三河), 도토미(遠江)와 스루가(시즈오카현), 가이(甲斐, 야마나시현), 시나노(信濃, 나가노현)에서 군사를 모으면 3, 4만은 될 것이다. 일전을 겨루는 것은 내가 바라는 바이다."라고 내뱉었다.

그리고 이에야스는 히데요시에게 중요한 신호를 보낸다. "작년에 나는 나가쿠테(長久手) 전투에서 히데요시 휘하의 이름난 장수들을 죽인 바 있다.

그 때문에 히데요시는 화가 나 있을 것이다. (죽임을 당할지도 모르는 마당에) 별 명분도 없이 교토에 갈 수는 없다."(『武德大成記』)라며 속내를 내비친 것이다.

텐쇼 지진이 일어난 것은 그다음 날인 29일 한밤중이었다. 이에야스는 전날부터 이즈 니라야마(伊豆菲山, 시즈오카현)성의 호조 우지노리(北條氏規)에게 원군을 보내 준 데 대한 감사 편지를 보내는 등 하루 종일 눈코 뜰 새 없이 전쟁 준비를 하다가 막 잠자리에 들려던 차에 진동을 느꼈다.

한편, 히데요시의 동정에 대해서는 유럽인 선교사 프로이스가 다음과 같이 기록하고 있다.

> 지진이 일어났을 때 관백(히데요시)은 본래 아케치(明智, 미츠히데(光秀)) 소유였던 오미(近江) 호변에 있는 사카모토성(시가현)에 머물고 있었다. 그런데 히데요시는 그때 모든 일을 내던져두고 말을 바꿔 타 가면서 나는 듯이 오사카로 피난해 갔다.

히데요시는 진도 5로 추정되는 진동에 놀라 이에야스를 토벌하기 위한 준비를 팽개치고 오사카로 도망간 것이었다.

그 뒤, 히데요시에게 귀를 의심할 보고가 들어왔다. 이에야스 토벌을 위한 전방 기지로서 군량미를 저장해 둔 오가키(大垣)성이 "(진도 6의 지진으로) 완전히 무너진 데다 화재가 발생하여 성안에는 집 한 채 남지 않고 모두 재가 되었다."(『一柳家記』)라는 것이었다.

도쿠가와 토벌군의 선봉으로 기대했던 야마우치 도요카즈의 나가하마성

(시가현)도 무너졌다. 깔려 죽은 자가 부지기수이고 성 밖은 불바다가 되어 도저히 출정할 수 있는 상황이 아니었다. 오다 노부카츠(織田信雄)의 이세 나가시마(伊勢長島성, 미에현)도 "대지진으로 천수각까지 불에 타 흩어져" 겨우 찻잔 정도를 건져 낸 것이 고작이었다(「飯田半兵衛에 보낸 히데요시의 편지」).

진도 5, 6에 달한 오미(近江)·이세(伊勢)·미노(美濃)·오와리(尾張)에서는 전쟁을 계속할 수 있는 상황이 아니었다. 전투에서는 적진에 가까운 곳이 선봉에 서 주어야 하는데 적과 가까운 곳에 있는 곳들이 지진 피해를 보는 바람에 히데요시는 하룻밤 사이에 전방 기지를 잃어버리고 만 것이다.

반면에 이에야스의 영지 미카와(三河) 동쪽은 진도 4 이하여서 피해가 거의 없었다. 이 사태로 히데요시의 기세가 꺾인다.

> 우리는 기내 5국[교토 인근 지역. 야마시로(山城)·야마토(大和)·가와치(河內)·이즈미(和泉)·셋쓰(攝津)-역자]과 중국(일본 혼슈의 서부 지역-역자), 북국(일본 혼슈의 북부 지역-역자)까지 손안에 넣었다. 이에야스도 싸움에서 이길 것이라는 생각을 하진 않으리라. 다만 생명을 소중하게 여겨 (죽이는 것을) 삼가려 하기 때문에 상경하지 않을 뿐이다. 내 누이동생을 오카자키(岡崎)에 시집보내 인질이 되게 하면 이에야스가 처가에 인사하기 위해 상경할 것이다. 이에야스가 상경하면 전국의 다이묘들도 이어서 상경할 것이고 천하는 태평해지리라.

실제로 그렇게 되었다. 히데요시는 지진으로 인한 피해가 복구되기를 기다렸다가 서서히 이에야스를 쳐서 도쿠가와의 숨통을 끊었어야 했다. 그랬더라면 도쿠가와 정권이 들어서지 못하고 히데요시의 사랑하는 아들 히데요리(秀賴)의 운명도 바뀌었을 것이다.

히데요시가 이에야스 같은 강력한 다이묘를 무력으로 제압했더라면 근세의 일본은 좀 더 중앙집권적인 국가가 되었을 것이다. 성격이 급한 히데요시는 조급함으로 성공했고 조급함 때문에 실패했다. 이에야스는 텐쇼 지진 덕분에 살아나 도요토미 정권 2인자의 위치를 확보하여 천하를 이어받았다.

대규모 지진으로 인한 재해는 누가 어떤 나라를 세울 것인가 하는 역사의 큰 흐름에도 영향을 줄 수가 있었던 것이다.

와카사만을 덮친 쓰나미

1586년 텐쇼 지진으로 후쿠이(福井)현 와카사(若狹)만을 쓰나미가 덮친 사실을 기억할 필요가 있다.

와카사만에는 '원전 긴자'라고 불릴 정도로 원자력 발전소가 많다. 전 원자력 안전 보안원에서는 「와카사만 연안의 텐쇼 지진에 의한 쓰나미 퇴적물 조사에 관하여」(2011. 12. 27.)라는 보고서를 온라인상에 공개했는데 "설령 텐쇼 지진으로 쓰나미가 왔다 해도 스가(菅湖)호와 스이게쓰(水月)호까지는 도달하지 못하고 구구시(久久子)호에 바닷물이 들어오는 정도로 작은 규모의 쓰나미였던 것으로 보인다."라고 평가하였다.

미하마(美浜) 원전에서 12킬로미터 정도 떨어진 호수에 쓰나미의 영향이 미쳤을 가능성을 인정하면서도 영향이 크지 않았다고 본 것이다. 원자력 발전 사업자가 조사한 결과 텐쇼 지진 때의 쓰나미 퇴적물은 발견되지 않았다고 하였으나, 이와 같은 조사는 이해관계가 없는 제3자가 해야 할 것이다.

쓰나미의 규모가 크고 작은 것은 원자력 발전소에 미치는 영향의 유무로 판단해야겠지만, 이 쓰나미가 과연 소규모였는지 여부는 다음 고문서 등을 읽어본 뒤에 판단하기 바란다. 유럽 선교사 프로이스는 다음과 같이 기록하였다.

> 와카사(若狹, 후쿠이현)에는 해안을 따라 나가하마(長浜)라는 또 하나의 큰 성읍이 있었다. 나가하마는 많은 사람이 드나들며 상업이 활발하게 이루어지는 곳이었다. 사람들이 공포에 질려 떨고 있는 가운데 여러 날 동안 땅이 흔들리고 나서 바다에 파도가 거칠어지면서 높은 산 같은 큰 파도가 멀리서부터 무시무시한 굉음을 내면서 엄청난 기세로 밀고 들어와 나가하마를 덮쳐 거의 아무런 흔적도 남기지 않을 정도로 파괴해 버리고 말았다. 밀려왔던 물이 빠져나가면서 수많은 집과 사람들이 함께 쓸려나갔고 땅에는 소금물 거품만 남고 모든 것이 바다로 휩쓸려 가버렸다.

현재 후쿠이현에 나가하마라는 마을은 없다. 도쿄대 지진연구소에서 편찬한 『신수일본지진사료(新收日本地震史料)』에서는 프로이스가 언급한 나가하마(長浜)가 '다카하마(高浜)'를 잘못 표기한 것이 아닌가 보고 있다. 다카하마에는 다카하마 원전이 있다.

교토의 고관이었던 요시다 가네미(吉田兼見)의 일기에도 와카사만에 대한 기술이 있다.

"단고(丹後)·자쿠슈(若州)·엣슈(越州), 포구 일대에 파도가 밀고 올라와 집이 모조리 휩쓸려갔다. 죽은 사람이 부지기수 운운."

단고(丹後) 반도에서부터 후쿠이현 연안의 광범위한 해안을 쓰나미가 덮쳐서 인가가 모조리 휩쓸려가고 수를 헤아리기 어려울 정도의 사망자가 발생했다는 것이다.

역사지진학자는 오랜 기간에 걸친 조사를 통해서 경험적으로 에도시대 이전의 집은 2미터 이상 침수되면 대개 무너져 쓸려 내려간다는 것을 알고 있다. 예컨대, 해수면으로부터 2, 3미터 높이의 해변을 따라 인가가 늘어서 있는 어촌에서 집이 모조리 휩쓸려갔다면 4, 5미터 이상 되는 쓰나미가 왔을 것으로 추정한다. 이와 같은 방식으로 쓰나미의 높이와 침수 정도를 추산하는 것이다.

장소를 와카사만으로 특정하지는 않았으나 텐쇼 지진에 이어 쓰나미가 밀려온 사실은 『도요카가미(豊鑑)』에서도 확인되는데, 도요카가미는 히데요시의 군사(軍師) 다케나카(竹中半兵衛)의 아들 시게카도(竹中重門)가 쓴 것으로 알려진 도요토미 히데요시 전기이다.

이세(伊勢), 오와리(尾張), 미노(美濃), 고노에(近江), 호쿠리쿠(北陸)의 길이 끊어졌고, 어촌이 송두리째 바다로 휩쓸려가서 개와 닭들까지 흔적도 없이 사라진 곳들이 있다.

에도의 지식인들에게는 이미 알려진 기록이었던 듯, 막부의 신하였던 미야자키 세이신(宮崎成身)도 이 기록을 『미키키구사(視聽草)』에 필사하였다.

정확한 정보를 바탕으로 원자력 발전소가 안전한지 위험한지를 판단하여 앞날의 일을 결정하는 주체는 관공서나 전력회사가 아니라 유권자인 우리 자신이므로 정확하게 보고 판단하는 자료로 받아들였으면 한다.

2. 후시미 지진으로 끝난 히데요시 천하

후시미성 붕괴, 많은 미녀들의 압사

도요토미 히데요시는 지진 때 거의 죽을 뻔하였다. 옛 문헌에 1596년 후시미(伏見) 지진에 대한 상세한 묘사가 기록되어 지금까지 전해지고 있다.

지진이 발생한 것은 늦더위가 한창이던 양력 9월 5일 한밤중이었고 히데요시는 알몸으로 자고 있었다. 여자와 함께 자고 있었는지는 알 수 없으나 아들 히데요리가 히데요시 옆에 누워 있었다. 엄청난 지진으로 건물이 무너질 것을 직감한 히데요시는 "지진이 나자마자 황급히 어린 히데요리를 안고 달려나갔다."(『일본서교사(日本西敎史)』). "알몸으로 뛰쳐나가 부서진 집 아래로 피해 가까스로 목숨을 건졌다."(『增訂大日本地震史料』)

위 기록은 일본에 와 있던 선교사가 로마 교황청에 보낸 보고이다. 히데요시가 히데요리를 안고 재빨리 뛰어나간 것은 바른 판단이었다. "히데요시 전하가 평소 기거하던 방은 특별히 웅장하지는 않았으나 한동안 흔들리다가 끝내 무너져 내렸다"(『日本西教史』).

후시미성이 무너져 내리는 것을 바라본 히데요시는 망연자실했다. "어떤 상황에서도 겁내지 않던 히데요시였지만 처음으로 두려움을 느꼈고, 직접 주방으로 피해 들어가 물을 달라고 했다"(『日本二十六聖人殉教記』). 후시미성은 조리실 한 동만 남고 모두 무너졌다. "천수각도 맨 위 2개 층이 부서져 내려" 처참한 모습을 드러내고 있었다(『板坂卜齋覺書』).

히데요시는 마당에서 기다리는 수밖에 없었다. 제일 먼저 달려온 것은 호소카와 가라샤의 남편 다다오키(忠興)였다. "전하는 오비를 풀어서 두르고 나와 요이치로 빨리 왔구나."라고 말했다고 한다(「細川家記」).

이어서 가토 기요마사(加藤淸正)가 도착했다. "전하는 여자 옷차림을 하고 정실 만도코로(政所), 측실 마쓰노마루(松の丸), 정실의 수석비서 코조스(孝藏主)와 그 외 여성 고급 관리들 가운데에 앉아계셨다."(「續撰淸正記」).

시기적으로 뒷날의 사료이긴 하나 히데요시는 하녀의 옷을 두른 채 히데요리를 안고 여자들 가운데에서 구조를 기다리고 있었던 것이다.

이때 후시미성은 그야말로 일본의 지진 역사상 가장 처참한 현장이었다. 당시 후시미성은 시게쓰노 오카라 하여 오늘날 JR 모모야마역 남쪽에 있었는데, 지금은 긴키 재무국 공무원 숙소와 간게쓰교 단지가 되어 있다. 동서 500미터, 남북 250미터 규모의 대지이다(山本雅和, 「伏見・指月城の復元」).

당시 히데요시는 이 좁은 성에 아름다운 여인들을 모아두고 있었는데, 조선 땅에서 명나라와 전쟁을 치르던 히데요시가 명나라 황제의 사신을 맞이하고 있었기 때문이다. 명나라 황제의 자금성에 뒤지지 않을 정도의 군사와 미녀를 집결하여 사신에게 보여줌으로써 겁을 주려는 속셈이었던 것이다.

그런데 지진이 발생했다. 미인들을 몰아넣은 건물은 히데요시가 기거한 건물보다 허술해서 완전히 붕괴되었다. "이때 지진으로 여인들은 깔려 죽었다. 사람이 보이기만 하면 저마다 살려달라고 외쳐댔지만" 먼저 히데요시가 무사한지 확인해야 하는 호소카와와 가토는 "못 들은 체하고 그들 앞을 지나쳤다. 불쌍했다."라고 기록하고 있다(「細川家記」).

깔려 죽은 사람에 대해서는 50명(「伊達治家記錄」)이라는 기록에서부터 여성 700명(『日本西教史』)이라는 기록까지 다양하지만, 최소 수백 명은 되어 보인다. 1634년 「京都御役所向大槪覺」 등으로 볼 때 당시의 교토 인구는 40만 명 정도였던 것으로 추정되는데, 후시미 지진 때 교토에서만 사망자가 45,000명에 달했다(「地震雜纂」, 狩野文庫).

뒤이어 미녀 징집이 시작되었다. 히데요시는 부교(奉行) 마에다 겐이(前田玄以)를 불러 "죽은 시녀와 노비 대신 교토 · 오사카 · 후시미의 유녀 가운데 용모가 빼어난 여자를 뽑아 머지않아 도착할 명나라 사신의 술 시중을 들게 하라."(野文庫)라고 명했다.

후시미성의 내진화

도요토미 히데요시는 후시미 지진으로 무너지는 전각에서 죽을 뻔했다가 가까스로 목숨을 건져 피신하였고, 성안에 모아두었던 아름다운 여인들이 수백 명이나 깔려 죽었다.

조선 문헌 「재조번방지(再造藩邦志)」는 "궁녀 4백여 명이 모두 압사, 관백은 혼자서 간신히 빠져나왔다."라고 기록하고 있다. 후시미성의 비극은 외국에도 널리 알려진 사건이었다.

다만, 여인들이 압사한 곳은 천수각이 아니라 후시미성의 니노마루였다. 당시 교토의 조정에 있던 미부 다카스케(壬生孝亮)의 일기에는 "후시미 니노마루에 있던 여관 3백여 명 남짓이 지진으로 죽었다."라고 기록되어 있다. 이 여성들은 성안의 숙소에서 자고 있다가 지진을 만난 것으로 보인다.

무사 가문의 대규모 저택에는 하인과 하녀들이 거주하도록 만든 나가야(長屋)라는 다가구 주택이 있다. 지진이 일어나면 이러한 나가야가 제일 먼저 무너진다. 에도시대에 다이묘의 저택이 지진 피해를 보았을 때도 다이묘의 저택은 반파에 그친 반면, 하인들이 사는 나가야는 전파되는 경우가 많았다.

후시미 지진 때도 마찬가지여서 도쿠가와 이에야스의 시의는 "후시미 전역에서 나가야가 무너져 죽은 자가 부지기수"라고 기록하고 있다. 실제로 도쿠가와 이에야스의 저택에서도 2층짜리 나가야가 무너져 녹봉 3천 석을 받는 가가즈메 하야토(加賀瓜隼人)가 죽었다(『板坂卜齋覺書』).

마쓰다이라 이에타다(松平家忠)의 일기에는 "후시미 본전(殿中)과 주택(殿舍)이 무너졌다. 이로 인해 고위 여자 관리 73명, 중위급과 하녀 5백여 명이 비명횡사했다."라고 기록되어 있다. 본전(殿中)은 다이묘가 거주하는 곳이고 주택(殿舍)은 본전에 딸린 나가야 같은 건물이다. 나가야는 가볍기는 하나 공들여 지은 건물이 아닌지라 지진에 취약했던 것이다.

이 시대에는 종전에 목재 지붕이었던 간이 건물에도 기와가 보급되기 시작했는데, 골조를 이루는 기둥의 강도가 그 무게를 감당하지 못했을 가능성이 있다.

기와 제조업에 종사하는 분들이 이 책을 읽을 수도 있을 것이므로 오해가 없기를 바라는 마음에서 언급해 둔다. 내진설계를 할 때는 일반적으로 건물 윗부분을 가볍게 해야 한다. 현대 건축 기술로 건물의 강도를 높인다면 기와 때문에 위험하지는 않겠지만, 기와가 무거울 경우는 하부를 지탱해주는 강도가 필요하다.

또한 목수의 기술도 중요하다. 천황의 궁전을 짓는 목수의 기술은 매우 탁월하여 기와를 못으로 고정하지 않는다. 당시에도 지진이 발생하자 후궁들이 머무는 곳과 조리실 등의 기와가 모두 떨어져 내렸지만 건물은 무너지지 않았다.

그러나 일반 건물은 그렇지 않았다. 다이고지(醍醐寺) 삼보원의 「문록대지진기(文祿大地震記)」에는 "이번 지진으로 (건물이) 무너진 것은 기와지붕 때문이라고 하며 다른 곳도 마찬가지이다. 후시미성에도 지붕에 기와 없는 것을 금한다는 포고령이 내렸다고 한다."라는 기록이 있다.

후시미성을 재건할 때 히데요시는 기와 사용을 금지했을까? 당시에 재건된 후시미성의 모습을 나고야시 박물관에 기증된 「낙중낙외도(洛中洛外圖)」에서 찾아볼 수 있는데, 천수각이나 성루와 같이 화재에 대한 방비가 필요한 군사시설에는 기와로 지붕을 얹었지만 본전은 편백나무 껍질이나 판자로 지붕을 얹었고 나가야는 판자 지붕으로 되어 있다.

히데요시는 건물 내진화에 꽤 공을 들였던 듯, 시대적으로 상당히 나중 사료인 「다테비감(伊達秘鑑)」에는 히데요시가 "지진보다 더 무서운 것은 없다."라면서 예를 들자면 본전 기둥 같은 것도 2개는 초석 위에, 3개는 땅속으로 다섯 자(1.5미터) 깊이로 박아 넣어…… 온전히 지진에 대비하는 방식으로 지었다는 내용이 보인다.

그래도 화재에 취약한 이 후시미성은 세키가하라(関ヶ原) 전투 하루 전날 밤 고카(甲賀)의 첩자가 지른 불로 성이 타는 바람에 순식간에 함락되고 말았다.

우에스기 가문 기쿠히메의 괴력

사료에 따르면 우에스기 가게토라(上杉景虎)가 미소년이고 술을 즐겨한 것으로 알려져 있는데, 우에스기 가문의 가정사에는 흥미로운 점이 있다.

후시미 지진 당시 사료 가운데 주의를 끄는 부분이 있다. 다케다 신겐(武田信玄)의 딸로 우에스기 겐신의 양자 우에스기 가게카쓰(上杉景勝)의 정실이 된 기쿠히메(菊姫)라는 아가씨 이야기이다. 에도시대 중엽에 편찬된 사료인 「도린연표(藤林年表)」에 들어 있는 이야기라서 어디까지가 사실인지는 정확하지 않으나, 이 사료를 엮은 사람은 우에스기가에서 대대로 이어내려 온 중신으로 900석 녹봉을 받는 추조 마사스케(中條備資)라는 무사이다.

이 이야기를 그가 지어낸 것이 아니라 어떤 근거나 전해 내려오는 이야기가 있던 것을 기록한 것으로 보인다.

지진이 일어나자 후시미성은 본전 전체가 무너졌다. 하녀들 수백 명이 무너진 건물에서 빠져나오지 못한 채 깔려 죽었는데, 이때 우에스기 가게 카쓰의 후시미 저택도 지진 피해를 보았다. 그런데 나가야 같은 곳의 문루가 무너지긴 했어도 남녀 하인에 이르기까지 다친 사람이 하나도 없었다. 하녀들이 많이 있는, 안채를 향한 여자 숙소 나가쓰보네(長局)도 지진으로 무너졌지만, 희생자는 한 명도 발생하지 않은 것이었다.

여기에는 알려지지 않은 사실이 있었던 모양이다. 지진이 일어나자 가게 카쓰의 정실 기쿠히메가 놀라운 활약을 한 것이다. 지진으로 여자 숙소가 흔들리며 무너지려는 조짐이 보이자 하녀들은 공황 상태에 빠졌다. 그런데 무슨 생각에서였는지 지체 높은 기쿠히메가 떨치고 일어나서 여자 숙소 출구의 들보를 붙들고 큰 소리로 "모두 나가라. 빨리 나가."라고 외쳤다.

놀라운 힘이었다. 하녀들은 기쿠히메가 삼국지에 나오는 장비처럼 소리 지르며 출구 들보를 받치고 서 있는 아래로 빠져나갔다. 모두가 빠져나간 것을 확인한 기쿠히메가 손을 놓자마자 건물이 무너져 내렸고 기쿠히메도 무사했다. 모두들 정말로 엄청난 힘이라고 우러러보며 역시 다케다 신겐의 딸답다고 칭송하고 탄복했다. 그러나 기쿠히메가 평소에는 한 번도 그러한 힘을 쓴 일이 없었다는 것도 기록되어 있다.

옛말에 불이 나면 자기도 모르는 힘이 나오기도 한다는 이야기가 있는데 아마 그런 유형의 이야기일 것이다. 평상시에 인간은 자신의 몸을 지키기 위해 한도를 초과하는 힘을 내지 않도록 뇌에서 제한 장치가 작동하게 되어 있다. 그러나 생명이 위급한 사태에 직면하면 그 제한 장치가 풀리는데, 이것이 화재 현장에서 발휘된 괴력에 대한 일종의 합리적 설명이라 할 수 있다.

그러나 기쿠히메는 원래부터 힘이 셌던 모양이다. 「도린연표(藤林年表)」에는 다음과 같은 기록이 덧붙여져 있다.

> (친정인) 고슈(甲州)에서 기쿠히메 아씨가 시집오셨을 때 (가게카쓰 공과 기쿠히메) 내외분이 심심풀이 바둑을 두고 계셨는데, 가게카쓰 공이 그만 악수를 두고 말았다.

판을 제대로 보여 달라는 둥, 안 된다는 둥 티격태격하면서 기쿠히메가 처음으로 힘을 노출하는 상황에 이르러, 기쿠히메가 다리 넷 달린 묵직한 바둑판을 뒤집으려 했던 모양이다.

> 기쿠히메 아씨가 바둑판 다리를 왼손으로 잡아 뒤집었다. 한 손으로 가뿐하게 뒤집어버리는 것을 보고 충격을 받은 가게카쓰 공은 (겁을 먹고), 그 뒤에는 심심풀이 놀이 같은 것도 전혀 하려 하지 않았고 자연히 부부 사이도 멀어졌다. 그것만 해도 대단한 힘이라 할 것인데 이번에 보여 주신 힘은 천하장사 같은 것이었다.

실제로 그러한 일이 있었는지는 알 수 없지만 지진이 났을 때 보통 사람들이 들보를 떠받치는 것 같은 행동을 해서는 안 될 일이다.

대불에 활 당기는 히데요시

후시미 지진이 지나간 뒤 히데요시가 교토의 대불을 향해 활을 쏘았다는 것이 사실일까? 히데요시는 그 이전에도 신불(神佛)을 향해 행한 전력이 있다.

먼저 1590년에는 특이한 통행증을 발송했는데, 수신자를 용궁으로 하여 다음과 같이 되어 있었다.

> "용궁 보아라. (나의 배는) 아무 사고 없이 통과시키도록 하라."(「리사이 수필
> (理齋隨筆)」).

또한 1597년 양녀 고히메(豪姬)가 여우에 홀리자 후시미의 이나리 다이묘진(稻荷大明神)에게 "허튼 수작을 하면 당장 사당을 부숴 버리겠다. 전국에서 해마다 여우를 사냥해서 여우의 씨를 말려 버리겠다."라는 글을 보내 협박한 적도 있는 인물이라 무슨 짓을 한다 해도 이상할 것은 없었다.

"스스로를 신불보다 높은 절대자로 생각하는 것은 오다 노부나가(織田信長)스럽다."라는 이미지가 있는데, 사실 히데요시야말로 그러한 오다 노부나가 사상을 충실하게 계승한 사내였다. 천하의 일인자라는 절대 권력의 중심에 앉아 일본 전국을 호령하는 강력한 힘을 과시함으로써 전국시대에 종지부를 찍었던 만큼, 당시 히데요시의 힘은 신불까지도 압도하는 절대적

인 것이었다.

히데요시가 교토 호코지(方廣寺)에 세운 높이 18미터 대불이 후시미 지진으로 파괴되었다. 15미터 높이의 나라 대불보다도 컸는데, 금동으로 만든 나라 대불과 달리 나무로 뼈대를 짜고 그 위에 회를 바르고 옻칠을 한 위에 금박을 입힌 불상이어서 큰 지진 진동으로 금이 간 벽처럼 부서진 것이다. "왼손이 부서져 떨어지고 가슴도 마찬가지였다."(「문록 대지진기」). 하지만 신기하게도 대불이 있는 건물은 건물 기둥이 6센티미터가량 땅속에 박혔을 뿐 무사했다(『도키쓰네쿄키(言經卿記)』).

히데요시는 대불을 향해 분풀이를 한다.

> 대불전이 무너지고 불상도 부서졌다. 타이고(太合=히데요시)가 와서 부서진 불상을 향해 화를 내며 말했다. "부처를 모신 것은 나라가 태평하기를 바랐기 때문이다. 그런데 지금 제 몸 하나도 보전하지 못하다니. (이런 부처가) 국가 수호에 무슨 도움이 된단 말인가."라고 한 뒤에 직접 활을 들어 (대불을) 쏘았다.

이러한 기록이 도호쿠 대학 가리노(狩野) 문고에 소장된 「지진잡록」에 들어 있고, 이 내용은 『경장기』라는 책에서 인용한 것으로 소개하고 있다.

1705년 간행된 바바 노부노리(馬場信意)의 「조선태평기」는 실록소설 같은 것으로 각색이 되어 있는데 여기에도 같은 이야기가 있다.

> 히데요시는 대불을 노려보며 절 전체에서 들릴 만큼 큰 소리로 "대불상

을 안치한 것은 나라의 안녕과 태평함을 위해서다. 많진 않아도 내가 돈을 내서 나라에 있는 대불을 본떠 여러 해 걸려 완성한 것이다. 그 정성도 모르고 너는 몸집만 컸지 제 한 몸도 보전하지 못하고 깨어지고 부서지다니 어인 일인가? 너 따위 아무짝에도 도움이 안 되는 부처를 나는 안 믿는다." 라며 나오는 대로 악담을 퍼부어대면서 불상을 향해 활을 당겨 쏘았다. 함께 간 사람들은 손에 땀을 쥐며 벌을 받지 않을까 걱정했다.

교토의 대불이 부서진 것은 히데요시가 돈이 아까워서 금동 불상으로 만들어 바치지 않았기 때문이지 대불 탓이 아니었다. 나중에 히데요시의 아들 히데요리는 엄청난 비용을 들여 이 대불을 금동 불상으로 만들고 대불전도 다시 건축하게 되는데, 그 결과 오사카성의 군자금이 축나게 되었다. 게다가 이 절에 새로 만든 종에 새긴 '국가안강군신풍락(國家安康君臣豊樂)'이라는 문구를 문제 삼아 도쿠가와 이에야스가 싸움을 걸어왔고 도요토미가는 문을 닫기에 이른다.

도쿠가와는 도요토미의 위세를 연상케 하는 이 대불을 녹여서 관영통보(寬永通寶)라는 화폐를 만들어 전국에 유통하였는데, 이것을 보면 도쿠가와 막부 역시 신불보다 위에 서는 노부나가 사상의 충실한 계승자였던 셈이다.

지진으로 드러나는 무장들의 속셈

후시미 지진으로 도요토미 히데요시가 어려움에 처했을 때 가장 먼저 달려온 사람은 호소카와(細川)라는 다이묘였는데, 그는 상황을 살핀 뒤에 실속을 챙길 속셈으로 구조대를 대동하지 않고 단신으로 달려왔다. 아니나 다를까 히데요시가 죽자 호소카와는 등을 돌려 도쿠가와 이에야스 측에 붙어 히데요시의 아들 히데요리를 죽이는 오사카 여름 전투에서 선봉을 자처하며 도요토미를 맹렬하게 몰아쳤다.

호소카와와 대조되는 인물이 바로 가토 기요마사(加藤淸正)이다. 히데요시의 노여움을 사서 자숙하고 있던 그는 진심으로 히데요시의 안위를 걱정했다. 히데요시와 같은 고향 출신이자 친척이기도 한 가토는 병사 200명에게 지렛대를 들려서 히데요시를 구출할 준비를 하고 무너진 히데요시의 전각으로 달려갔는데, 결과적으로는 호소카와에 이어 두 번째로 도착한 것이었다. 훗날 도쿠가와 막부는 가토의 집을 몰수하고 그의 영지인 비고 구마모토(肥後熊本) 54만 석을 호소카와에게 준다.

다른 다이묘들의 상황도 보자. 지진이 나던 날 밤 도쿠가와 이에야스와 모가미 요시아키(最上義光)의 움직임은 흥미진진하다. 당시 모가미는 히데요시를 가장 미워한 다이묘였는데 거기에는 이유가 있었다.

모가미의 딸은 도호쿠 지방에서 손꼽는 미소녀였다. 예쁘다는 소문이 퍼지는 바람에 어쩔 수 없이 히데요시의 조카인 관백 히데쓰구의 측실로 보냈는데 그 후 얼마 안 가 히데쓰구가 권력을 잃는다. 히데요시는 아직 열다섯 살밖에 안 된 이 아가씨를 소달구지에 태워 거리에 내돌리고 다른 측실 30여 명과 함께 산조가와라(三條河原)에서 처형해 버렸다. 더구나 유해를 친정으로 보내지 않고 큰 웅덩이에 내버리고 '짐승의 무덤'이라는 이름을 붙였다. 딸의 죽음을 알게 된 모가미의 아내는 그 충격으로 14일 뒤에 세상을 떠났다. 모가미는 사랑하는 아내와 딸을 거의 동시에 잃은 것이었다.

이 사건이 일어난 것이 1년 전이었고 지진이 일어났는데도 모가미는 히데요시에게 달려가지 않았다. 도쿠가와 막부에서 작성한 이에야스 사료집 『조야구문부고(朝野舊聞裒藁)』의 「시대기」에 다음과 같은 기술이 있다.

> 여러 장수들이 히데요시에게 달려가고 있는데, (모가미) 요시아키는 안장도 얹지 않은 말을 타고 이에야스 공의 저택으로 가서 "지금은 위기 상황이오. (위로를 하기 위해 히데요시에게) 가는 것은 절대 안 되오. 무슨 일이 있더라도 이 (모가미) 데와(出羽) 성주가 옆을 지킬 테니 마음 놓으시기 바라오."라고 말했다.

이것이 다가 아니고 「경장갑인지기(慶長甲寅之記)」에는 놀라운 사실이 기록되어 있다. 지진 직후 이에야스의 집에 안부 차 찾아온 데와(出羽) 태수 모가미 요시아키(最上義光)와 시나노(信濃) 태수 난부 도시나오(南部利直)가 다음과 같은 말을 남기고 돌아갔던 것이다.

> "타이고(太合, 히데요시)는 (무너진 전각에서) 빠져나오지 못한 모양인데, 이는 일본을 위해서 잘된 일이기도 합니다. 조선의 일도 아직 가라앉지 않은 상태입니다. 날이 밝으면 땅이 흔들리는 것도 잦아들 것이니 새벽까지 (이에야스 공은 저택을) 나서지 마시기 바랍니다."

모가미와 난부가 이에야스에게 위와 같이 진언했던 것이다. 이에야스 역시 날이 밝기 전까지는 히데요시에게 갈 생각이 없었다. 모가미가 말한 대로 암살당하는 것이 두려웠기 때문일 것이다.

히데요시도 마찬가지로 이에야스가 두려웠다. 날이 밝은 뒤 이에야스가 히데요시를 위로하러 찾아갔는데, 이시다 미쓰나리(石田三成) 이하 다섯 부교(奉行)가 모두 성문 앞에 나와 있었다. 성안으로 들어가려는 이에야스에게 "문안드리러 오는 사람들을 여기서 돌려보내라는 명령입니다. 동행이 많아야 할 필요도 없소."라며 퉁명스럽게 말했다. 결국, 이에야스와 함께 들어갈 수 있도록 허락받은 사람은 무사 세 명 정도에다 옷가지 등이 든 들것을 멘 자와 신발을 든 자뿐이었다(「경장갑인지기」). 히데요시와 이에야스의 미묘한 관계가 엿보이는 대목이다.

한편, 히데요시는 마에다 도시이에(前田利家)는 신뢰했다. 「도시이에야화(利家夜話)」에 "대감마님(도시이에) 한 분은 아무런 제재 없이 성안에 들어오게 하여" 안고 있던 영식 히데요리를 건네주었다고 기술하고 있다. 실제로 히데요시가 죽은 뒤 도시이에는 히데요리를 보호하여 이에야스에 맞선다.

재난을 당하면 인간의 속내가 드러난다. 후시미 지진 때 무장들이 보인 행동을 보면 그들의 본심을 잘 알 수 있다. 지진은 누가 도요토미 편이고 누가 도쿠가와 편인지를 적나라하게 드러내 준 셈이다.

도요토미 정권 붕괴의 방아쇠

지진은 대지뿐 아니라 정치까지도 뒤흔든다. 교과서에는 들어 있지 않은 사실을 알아보기로 하자. 사실 도요토미 정권이 무너지는 출발점이 된 것은 후시미 지진이었다. 지진 때문만이 아니라 앞장서 이끌고 갈 사람이 없어서 도요토미 가문의 문이 닫히게 된 것이었다.

지진 당시 도요토미 정권하의 다이묘들은 조선과의 전쟁으로 지치고 재정이 바닥나 불만이 쌓여가고 있었다. 이 상태로 가면 정치의 중심이 조카 히데쓰구에게 쏠릴 것이었다. 이를 경계한 히데요시와 이시다 미쓰나리는 선수를 쳐서 히데쓰구와 그의 처자는 물론 측근까지 모조리 처형해 버린다. 이때 가족 전체가 죽임을 당한 다이묘가 여럿이었는데, 여기에 조선 출병으로 인한 불만까지 더해져 히데요시와 미쓰나리에게 원한을 품은 다이묘들이 많았다.

이러한 상황에서 후시미 지진이 발생한 것이었다. 그런데 히데요시는 지진으로 무너진 자신의 후시미성을 다시 짓게 하고, 동시에 조선을 다시 침공하라는 명령을 내렸다.

도쿠가와가 천하를 장악해 가는 과정을 검증한 『창업기고이(創業記考異)』는 기슈(紀州)의 도쿠가와 가문에서 만들어 막부에 바친 책인데, 여기에는 "조선 정벌이 시작된 뒤로 무사와 백성들이 큰 고통을 겪고 있는데 또다시 후시미성을 짓느라 힘들어져서 도요토미 가문이 망하기를 빌지 않는 사람이 없으니, 자연히 인망은 신군(神君, 이에야스)을 향한다."라고 되어 있다.

민심이 도요토미에서 도쿠가와로 넘어간 계기가 된 것이 지진이었다. 지진이 있고 나서 가까스로 명나라와 강화 움직임이 결실을 거두고 있던 터에 또 조선을 침공하겠다는 히데요시에게 모두가 아연실색했다. 이 무렵

52

도쿠가와가의 동향을 기록한 「천원실기(天元實記)」는 이렇게 쓰고 있다.

교토의 후시미에서는 아사노 나가마사(淺野長政, 히데요시의 매형)가 말한 것
처럼, 타이고(太合, 히데요시)는 여우나 너구리에 홀린 것 같다고 지위 고하를
막론하고 수군거리며 조롱했다.

지진으로 정치의 흐름이 완전히 바뀌었다. 이에야스의 측근 요네키쓰 세
이에몬(米津淸右衛門)의 아내가 꿈에 다음과 같은 노래를 보았노라고 했다는
이야기가 「천원실기(天元實記)」에 있다.

흐드러져 핀 도성의 꽃 떨어져,
동녘 소나무, 다음에 올 세상을 이어받아 가누나.

교토의 도요토미 정권이 저물고 관동의 마쓰다이라(松平), 즉 도쿠가와가
천하를 이어받는다는 의미이다. 인심이 히데요시에게서 멀어져가자 도쿠가
와 쪽에서는 천하를 얻을 수 있다, 히데요시를 타도할 수 있겠다는 자신감
이 솟아났다.

후시미 지진이 일어난 직후, 도쿠가와 측 내부에서 히데요시를 급습하여
살해하려는 계획을 세웠던 정황이 있다.

후시미성에 지진이 일어났을 때 히데요시가 임시 거처에 칩거하고 있었
으므로 "(히데요시를) 치면 바로 성공할 수 있다."라고 진언한 사람이 있었으

나 (이에야스는 이 작전을) 절대 허락하지 않았으며 "천하를 다스리는 일을 나의 계략만 가지고 할 수는 없다."라고 했다.

나는 이 기록을 국립공문서관에서 찾아냈다. 도쿠가와 가문 대대로 내려오는 「마에바시 구장문서(前橋舊藏聞書)」에 있는 기록으로서 나름대로 신빙성이 있는 사료라는 느낌이 들면서 소름이 돋았다. 후시미 지진 때 이에야스는 가신들과 함께 히데요시를 죽일 계획을 논의했으나 아케치 미쓰히데(明智光秀)의 말로를 본 뒤였기에 실행하지 않았을 것이다.

당시는 마에다 도시이에 같은 강력한 경쟁 관계에 있는 다이묘가 여전히 굳게 버티고 있는 상황이었다. 섣불리 히데요시를 암살한다면 경쟁자에게 도쿠가와를 공격할 명분을 주어 오히려 천하를 빼앗기게 될지도 몰랐다. 건강에 자신이 있는 이에야스는 늙은 히데요시를 그대로 놔둔 채 정권의 힘을 빼가면서 히데요시가 죽기를 기다려 무너지게 하는 것이 상책이라고 생각했다.

대지진이 일어난 날 밤, 이에야스의 굳은 얼굴은 여진에 흔들리면서 그와 같은 생각을 하고 있었던 것으로 보인다. 어떻든 간에 지진으로 크게 흔들린 천하는 이에야스의 손안으로 굴러들어 오게 된다.

제2장 호에이 지진 쓰나미와 후지산 분화

1. 1707년 후지산 분화의 교훈

미호 마쓰바라로 향하는 쓰나미

후지산이 세계문화유산으로 등재되었다. 자연유산이 아닌 문화유산이라는 것이 흥미롭다. 다만 후지산과 붙어 다니게 마련인 미호 마쓰바라(三保松原, 시즈오카시 시미즈구)는 등록 유산에서 제외한다는 것이 한때 조건으로 제시되기도 했으나 유네스코가 생각을 바꾸었는지 미호 마쓰바라까지 포함하여 세계유산이 되었다.

가토 요시아키(加藤嘉明)라는 전국시대 말기의 무장은 후지산을 본뜬 형태의 투구를 썼는데, 안장에는 미호의 마쓰바라, 즉 깃털 옷을 입은 마쓰의 선녀가 장식되어 있었다. 이렇듯 일본인에게 후지산과 미호의 마쓰바라는 떼려야 뗄 수 없는 관계이다.

이 미호의 마쓰바라는, 방재 측면에서도 나를 힘들게 하는 곳 가운데 하나이다. 1707년 호에이(寶永) 쓰나미 때 피해를 본 곳인데 기록이 거의 없는데다 그나마도 단편적이어서 쓰나미의 높이를 추정하기가 힘들고 일 년 동안 연구해 보았는데도 아직 결론이 나지 않는다.

그럼에도 불구하고 선행 연구도 있고 조사도 잘 되어 있다. 「마을 업무 기록(村中用事覺)」이라는 기록에 호에이 쓰나미에 관한 기술이 있는데, "후다노 쓰지(札の辻) 아래까지 바닷물이 올라오는 바람에 마을 사람들이 미호 신사로 피난 가서 사흘에서 닷새 동안 집에 돌아가지 못했다."라고 쓰여 있다. 후다노 쓰지 아래까지 쓰나미가 왔다고 하니 후다노 쓰지를 찾으면 되겠다고 생각한 쓰나미 연구자가 향토사를 연구하는 사람의 도움을 받아 그 장소를 찾아가 보니 지금의 해발고도가 3.9미터였다. 그래서 미호 반도에 왔던 쓰나미 높이를 3.9미터로 간주해 왔던 것이다.

이 연구 결과에 대해서는 과학적 검증 절차가 제대로 이루어졌을 것으로 생각한다. 그렇다 해도 역사학자의 관점에서는 한 가닥 의문이 남는다. 그 이유는 「마을 업무 기록(村中用事覺)」에는 다음과 같은 기록도 있기 때문이다.

마사키(間崎)는 마을 안에도 (나무가) 우거져 있는데 둘레가 서너 자(90~120센티미터)쯤 되는 나무가 3미터 넘게 물에 잠겨 꼭대기만 보였다.

마사키는 미호 반도가 뻗어나간 끝에 위치한 마사키(眞崎)를 말하는데, 여기에 수목이 우거진 마을이 있고 둘레가 90~120센티미터 되는 나무가

3미터나 물에 잠겨 나무의 꼭대기만 보였다는 것이다. 이 마사키 마을이 있었던 곳은 현재 평균 해발고도가 2미터 정도이다. 그것이 1854년 안세이 (安政) 난카이 지진으로 또 다시 1미터 가까이 가라앉은 것이므로 당시에는 지반이 더 높았던 것이다. 5미터 가까운 파고가 아니고서는 이러한 현상이 나타날 수 없다는 생각이 든다. 미호 반도에서 육지와 닿아 있는 안쪽 만에 서는 파고가 4미터 정도였을지 몰라도 바깥 바다로 돌출한 곳 같은 곳에서 는 5미터로 보아야 할 수도 있다.

전해오는 이야기에 지나지 않지만, 이 지역에는 쓰나미의 높이를 짐작할 수 있는 단서가 되는 기록이 또 하나 있다. 호에이 쓰나미 때 커다란 돌고 래 사체가 걸려있던 이른바 '돌고래 소나무'라는 소나무가 맞은편 해안의 옛 시미즈(清水)시 중심부에 있었다는 것이다.

전해오는 이 이야기를 흘려들을 수 없었던 나는 이미 흔적조차 사라져버 린 이 돌고래 소나무를 찾아 나섰다. 소나무는 1917년 당시의 사진이 남아 있을 뿐이고 지금은 존재하지 않는다. 오늘날 시미즈 산업 정보 플라자가 들어서 있는 옛 시미즈 우체국 남쪽이었다는 이야기를 듣고 여기저기 알아 본 결과, 시즈오카시 시미즈구 만세이초(萬世町) 2초메(丁目) 10번지라는 것 을 알게 되었다. 그곳에서 과일가게를 하는 나이 든 여성이 정확한 위치와 소나무가 있던 언덕의 대략적인 높이를 기억하고 있었다.

해발 1.8미터 지점에 토끼산이라고 하는 높이 1.8미터쯤 되는 언덕이 있 는데 그곳에 소나무가 서 있었다. 호에이 쓰나미 당시의 수령은 50년, 돌고 래가 걸릴 정도의 가지라면 밑동에서부터 2미터는 되어야 한다. 1.8미터

+1.8미터+2미터=5.6미터이므로, 5미터 이상이 아니면 돌고래가 걸리지 않을 것이라는 느낌이 들었던 기억이 있다.

에도 서민이 기록한 보름 동안의 화산재

세계유산이 되어서인지 후지산의 분화에 대한 이야기를 자주 듣게 된다. 분화하게 될는지 여부는 알 수 없어도 과거의 분화 패턴은 어느 정도 알 수 있는데, 마지막으로 대규모 분화가 있었던 것은 1707년이다. 음력 10월 4일에 호에이 지진이 일어나면서 격진과 엄청난 쓰나미가 태평양 쪽 해안을 덮쳤고, 바로 이어서 11월 23일에 후지산이 분화하였다.

나는 이 호에이 분화의 기록을 찾아본 적이 있다. 시즈오카 현청 근처에 있는 역사문화정보센터에 가서 옛 문헌을 찾아보고 있자니 「수영공어유훈전(壽榮公御遺訓全)」이라는 사료가 눈에 들어왔다.

1738년에, 오늘날 하마마쓰시 서구 유토초(雄踏町) 야마자키에 살던 도요타 규에몬(豊田九右衛門)이라는 남성이 자손에게 남기기 위해 자신의 인생 경험을 기록해 놓은 것이었다. 정신없이 읽어 내려갔다. 규에몬이 체험한 호에이 지진과 쓰나미, 후지산 분화에 관해 쓰여 있었기 때문이었다.

호에이 4년 10월 4일, 정오 무렵 대지진. 산이 갈라지고 땅이 갈라지며 우리 집과 위쪽 야마구미 집, 창고 건물이 무너졌지만 식구들이 하나도 안 다치고 앞쪽 밭으로 피했다. 얼마 있다가 쓰나미가 밀고 올라오기에 산으로 피해 올라갔다.

이 정도로 현장감 넘치는 기술도 없다. 무너지는 건물에서 빠져나왔다가 또다시 쓰나미에 쫓겨 언덕길을 달려 올라가는 공포가 전해져온다. 그로부터 49일 뒤에 후지산이 대폭발하였다. 규에몬은 다음과 같이 쓰고 있다.

> 같은 달(다음 달의 잘못) 23일에 후지산이 불타고 무시무시한 굉음이 허공에 울려 퍼지면서 그날 밤 8시쯤 동쪽에 불이 나서 공중으로 흩어지는데 뭐가 뭔지 모르겠고 그저 불비가 내리면서 세상이 이렇게 망하는 모양이라고 여자들과 아이들이 울며 소란을 떨었다.

호에이 후지산 폭발을 눈앞에서 본 아녀자들은 이 세상의 끝이라고 생각하고 울부짖었다.

후지산 폭발에 대한 많은 사료가 남아 있는데, 에도시대 사람들의 관찰력은 뛰어나다. 특히 감명 깊은 것은 아이치현 다바라(田原)시에서 기록한 「긴고로일기 세대각서(金五郎日記歲代覺書)」(『신수일본지진사료(新收日本地震史料)』 제3권 별권)이다.

> 후지산과 아시타카야마(足高山) 사이의 스바시리(須走)라는 곳에 불구멍(분화구)이 뚫리고 거기서 화염이 터져 나왔다. 후지산보다 세 배는 높아 보였다.

에도시대 서민들의 지적 수준은 높아서 긴고로(金五郎)의 기술은 매우 과학적이다. 후지산 중턱에 호에이 분화구가 터지면서 후지산 높이의 세 배 되는 11,000미터 정도까지 화염이 솟구쳐 올라가는 것이 보였다는 것이다. 화산재가 내린 범위와 기간도 기록했다.

　　이 화염에 토사가 섞여 있는데 매일 서풍이 불어서 동쪽 지역에 모래가 떨어지고 후지산 동쪽 7개 고을이 주저앉았다(막대한 농사 피해가 발생했다). 에도에도 너덧 치(12~15센티미터) 두께로 모래가 쌓였다. 분화구에 가까운 마을에는 모래가 3미터나 쌓이는 바람에 논밭은 말할 것도 없고 마을이 살 수 없게 되었다.

긴고로는 에도에 내린 화산재가 12~15센티미터라고 했으나, 환경방재학을 연구한 고 미야치 나오미치(宮地直道)에 따르면 3~4센티미터이다.

화산재는 관동지역 남부 전역을 덮었다. 미에(三重)현 오와세(尾鷲)시의 「염불사 과거장(念佛寺過去帳)」에는 "초시(長子)까지 모래 먼지 내림"이라 되어 있다. 치바(千葉)현 초시(銚子)에까지 모래가 떨어진 것을 말하는 것이리라. 긴고로는 "앞서 말한 모래가 11월 23일부터 떨어지기 시작하여 12월 9일까지 계속 떨어졌다. 이 기간에는 낮에도 초롱불을 켜야 했다."라고 했다.

후지산이 한 번 폭발하면 화산재 때문에 두 주일 동안은 어두운 세상에서 살 것을 각오해야 한다. 많은 양의 공기가 필요한 가스 터빈식 화력발전소의 전기를 어떻게 안정적으로 공급할 것인가 하는 것 등, 긴고로의 이야기는 우리에게 무거운 과제를 던져주고 있다.

지진과 후지산 폭발의 연동성

후지산 폭발의 역사에 관한 연구는 난카이(南海) 해저구(시즈오카현 먼바다에서 규슈까지 이어진 수심 4,000~5,000미터 해저의 파인 곳 또는 골짜기 형태로 폭이 넓고 길게 이어진 것으로, 바다 밑 지각판이 꺼진 자리에 생긴 해저 지형-역자)와 사가미(相模) 해저구에서 발생한 대지진을 예견하는 데에도 관련된다.

이 분야에서 눈부신 성과를 올리고 있는 사람은 시즈오카대학 고야마 마사토(小山眞人) 교수이다. 그는 고대로부터의 기록을 조사하여 후지산 분화와 난카이 및 사가미 해저구에서 발생한 대지진 기록과 비교하였다. 9세기 이후 난카이와 사가미 해저구에서 발생한 대지진은 13차례 정도였는데, 그 중 11차례는 해저구에서 움직임이 있기 전후에 후지산의 화산활동이 활발해졌다. 난카이 해저구와 사가미 해저구에서 발생한 대지진과 후지산의 화산활동 간에는 높은 연관성이 있음을 알 수 있는 것이다.

난카이와 사가미 해저구에서 발생한 13차례 지진 가운데 5~6회는 후지산이 거의 동시 또는 25년 이내에 폭발하였다. 대지진에 앞서 폭발한 것이 2차례이고 뒤에 폭발한 것이 3~4차례이다.

해저구가 움직여 도카이(東海) 지진이나 간토(關東) 지진이 발생할 경우, 후지산이 연동하여 폭발할 확률이 얼마나 되는지는 고야마 교수가 밝혀낸 과거 후지산 분화 패턴으로부터 어느 정도 유추할 수 있을 것이다. 즉, 도카이 지진이나 간토 지진이 발생할 경우, 40퍼센트의 확률로 지진 발생 전후 25년 이내에 후지산이 폭발한다고 보는 것이 좋을 것이다.

해저구에서 발생하는 지진과 후지산 활동 사이에 연관성이 있다고 본다면 후지산의 변화에서 눈을 떼서는 안 될 것이다. 일본의 어머니와 같은 후지산은 대지진 발생에 앞서 뭔가 신호를 주고 있을 수도 있다.

후지산이 마지막으로 폭발한 것은 1707(호에이 4)년이다. 후지산이 폭발하기에 앞서 어떤 전조가 있었을까? 옛 문서를 통해 그것을 알아 둔다면 오늘날을 살아가는 우리에게도 도움이 될 것이다. 1707년 후지산이 분화했을 때의 전조 현상에 대한 대표적인 사료가 두 가지 정도 있다.

하나는 고텐바(御殿場)시 야마노시리(山之尻)의 다키구치(瀧口) 집안에 전해 내려오는 「1703년 대지진과 1707년 후지산 분화에 대한 기록」(『고텐바시사(御殿場市史) 2』)이고, 또 하나는 스소노(裾野)시 스야마(須山)의 후지산 자료관에 보관되어 있는 쓰치야 이다유(土屋伊太夫)의 「후지산 분화 사정서(富士山噴火事情書)」(『스소노시사(裾野市史) 제3권』)이다.

후지산은 신앙의 대상으로 숭배를 받는 산이었기 때문에 참배와 숙박을 안내하는 오시(御師)라는 등산 여행 안내자가 있었다. 오시 가운데 한 사람인 쓰치야 이다유가 후지산 분화에 대한 자세한 기록을 남겼는데, 이들 사료에 따르면 후지산이 아무 전조 현상도 없이 폭발한 것은 아니었다.

실제로 후지산이 폭발하기 4년 전인 1703년에 사가미 해저구가 움직이면서 1703년 관동 대지진이 일어났다. 이 대지진 이후 지진이 약해지긴 했어도 1707년에 폭발하기까지 5년 동안 쉬지 않고 흔들렸다. 후지산 부근에서는 가벼운 지진이 5년 동안 계속되다가 분화한 것이다. 폭발 직전에 후지산에는 화산성 지진이 끊이지 않고 계속되었다. 다키구치가의 사료에는

1707년 10월 4일 호에이 대지진이 일어난 뒤 후지산이 쉬지 않고 흔들렸다는 기록이 있다.

화산성 지진이 언제부터 계속되었는지에 대해 쓰치야 이다유는 다음과 같이 꼼꼼하게 기록해 두었다.

> 9월 이후 후지산 중턱에서는 꽤 큰 지진이 매일 몇 차례씩 발생했다. 특히 10월 3일(정확하게는 4일)부터는 강진이 많아서 하루에도 열 번 스무 번이었고, 작은 지진은 헤아릴 수가 없을 만큼 많았다. 그러나 산 아래쪽 마을에는 지진도 없었다.

후지산이 폭발할 때는 5년 전부터 가벼운 지진 횟수가 증가하면서 두 달 전부터 후지산 중턱에서 화산성 지진이 매일 계속된다. 앞서 일어난 호에이 분화 때도 그러했다는 것을 옛 문서는 말해 주고 있다.

2. 「오카모토 원조일기」가 전해주는 실상

시즈오카를 덮친 호에이 쓰나미

역사지진연구회의 학술대회가 있어 아키타시에 갔다. 역사지진연구회는 이과계 지진학자와 문과계 역사학자들이 함께 모여 과거의 지진을 연구하는 특이한 학회이다. 학회는 1년에 한 차례 열리는데, 나는 '시즈오카시 주변의 호에이 쓰나미 사료'라는 제목으로 시즈오카시 스루가구 시모지마 지구에 밀려온 쓰나미의 높이에 대해 보고하였다.

시모지마 마을은 유명한 야요이 시대의 도로(登呂) 유적지(시즈오카시 남부에 있는 야요이 시대 후기 유적. 1943년에 발견. 주거지와 논을 비롯하여 다양한 출토품이 발굴되어 당시 농촌 마을의 모습을 보여 주는 것으로 잘 알려져 있다-『廣辭苑』)에서 정남쪽으로 1킬로미터 떨어진 곳에 있는 마을이다. 2급 하천인 하마카와(浜川) 하구 쪽에서 이 마을까지 쓰나미가 여러 차례 밀려왔다. 강가에 있는 논이 '소금 든 논'이라는 지명을 갖고 있을 정도이다. 1854년 안세이 쓰나미 때는 4.5미터 높이의 쓰나미가 이 마을을 덮쳤다고 한다.

그러나 1707년 호에이 쓰나미의 높이에 대해서는 아직 밝혀진 바가 없다. 이곳은 시즈오카시 중심부에서 약 4킬로미터 떨어진, 바다에 인접한 주택지이기 때문에 호에이 쓰나미의 높이는 반드시 밝혀 두어야겠다는 생각으로 현지에 가서 직접 조사했고, 이미 알려진 고문서 외에 메이지 시대의 지적도를 찾을 수 있었다.

바닷가에서 쓰나미가 몰려오는 것을 알아차린 헤이베라는 사내가 소리를 질러서 낮은 지역에 사는 마을 사람 오륙십 명 모두를 피난시킨 생생한 기록이 남아 있다. 앞장서 달아나는 사람이 피난하라고 큰 소리로 외치면서 뛰어가면 많은 사람의 목숨을 구할 수 있는데, 역사적 실제 사례가 이것을 보여준다.

이 마을에서 해발 4미터 남짓한 높이에 있는 오하마무라(大浜村)라는 곳에 있었던 것으로 보이는 농가 세 채 중 두 채가 쓰나미로 부서지고 집 위로 작은 배가 떠다녔다는 기술이 있었다. 해발 6미터 이상 되는 곳에 있는 농가에는 전혀 피해 기록이 없기 때문에 쓰나미의 높이가 5.5~6미터인 것으로 짐작된다.

소중한 정보이기도 하고 마침 좋은 기회라서 난카이 해저구의 쓰나미를 시뮬레이션하는 지진학자들 앞에서 보고할 생각으로 도쿄역에서 아키타 신칸센 고마치를 탔다.

아키타역에 도착하고 보니 발표 시간까지는 아직 여유가 있었다. 지방에 가면 꼭 하는 일이 있는데 잠깐이라도 그 지역 도서관과 헌책방에 들러 고문서를 찾아보는 것이다. 생각지도 못한 고문서가 어디서 눈에 띌지 모른다는 생각으로 두 눈 크게 뜨고 그 동네를 훑고 돌아다닌다.

그날도 아키타 현립 도서관 내에 있는 현 공문서관으로 갔다. 열람실을 둘러보는데 얼핏 눈에 들어온 것이 있었다. 일기였다.

아키타번의 영주는 녹봉 20만 석인 사타케(佐竹)라는 영주였다. 번의 무사들이 개인 일기를 쓰는 것은 흔히 있는 일이었다. 고위 벼슬아치들은 거의 빠짐없이 일기를 쓰지만 에도시대 무사들은 그 정도까지는 아니었다. 번청에서는 번의 공적인 일기를 기록하지만 개인은 일기를 쓰기도 하고 안 쓰기도 했다. 그러나 아키타번에는 특별히 일기 문화 같은 것이 있었는지 치밀하게 작성된 일기가 여러 점 남아 있어서 공문서관 벽면에 나란히 진열되어 있었다.

서둘러 호에이 지진이 일어난 날인 1707년 10월 4일이 기록된 일기를 찾아보는데 의외의 것이 눈에 띄었다. 「오카모토 겐초 일기(岡本元朝日記)」였는데 거기에는 호에이 지진에서부터 후지산 분화에 이르기까지 세세하게 기술되어 있었다. 아키타번의 에도 저택에서 어린 영주를 지키는 역할을 맡은 사람이 기록한 것이다.

물통 안의 물이 예고한 에도의 진동

1707년에 발생한 호에이 지진은 진도 9 이상이라는 설이 있는 일본 역사상 최대 규모의 지진이다. 이 정도 규모의 지진이 일어났을 때 지금의 도쿄인 당시 에도는 어떠했을까?

이를 알아보기 위해서는 지진이 일어난 날 에도에서 누군가가 쓴 일기를 찾아서 확인해 보아야 하는데, 1700년경에 쓴 일기는 에도시대 말기에 비해 많지 않다. 그런데 아키타 현립 도서관 건물 내부를 돌아보다가 「오카모토 겐초 일기」라는 자료를 발견한 것이다. 향토 역사가들 간에는 익히 알려진 일기이고 나도 그러한 일기가 있다는 것은 알고 있었으나 그 안에 호에이 지진 당일에 대한 세세한 기록이 들어 있다는 것은 알지 못했다.

대지진이 일어났을 때 아키타번은 나이 어린 영주를 옹위하고 있었다. 영주 사타케 요시타다(佐竹義格)의 나이는 아직 성숙하지 않은 만 열두 살이었다. 열일곱 살이 되면 선대 영주가 세상을 떠나더라도 우선 안심할 수 있겠으나 지금 당장 선대 영주가 급서한다면 막부가 영지를 감축할 우려도 있었다.

어린 영주를 가르칠 역량을 갖춘 측근 중신 오카모토(岡本元朝)는 사타케 가문이 무사하기를 비는 마음으로 열두 살 소년 영주와 매일 저녁 식사를 함께하고 가르치며 정무를 처리하고 있었다. 오카모토는 선대 영주 때의 문서 담당으로서 기록을 조사하는 업무도 맡고 있었다. 그러니만큼 그의 일기는 상세하다.

아키타번의 에도 저택에 강력한 진동이 엄습한 것은 10월 4일 오후 2시 무렵이었고 오카모토는 번의 관리들이 모이는 장소에 있었다. "지진은 상당히 강했다. 통에 담긴 물이 흘러넘쳤다. 큼직한 통에 받아 둔 방화용수가 70퍼센트 정도 들어 있던 것이 흘러넘쳤다." 오카모토는 즉시 물통 안의 물이 넘쳤는지 살폈다.

그럴만한 이유가 있었다. 에도에서 지진이 일어나면 다이묘는 쇼군에게 지진이 났는데 쇼군은 무사한지 문안하는 사자를 보내야 했다. 그런데 진동 규모가 어느 정도일 때 사자를 보내야 하는가 하는 문제가 있었다. 진도 1이나 2일 때 지진 문안을 하면 웃음거리가 되고, 집이 무너지는 진도 5 이상이라면 당연히 문안을 해야 한다. 미묘한 것이 진도 3~4 정도의 지진일 때이다. 에도시대에는 지금과 같은 기상청 진도 발표 같은 것이 없었다. 쇼군에게 문안 인사를 해야 할지 말지를 판단하기가 모호한 만큼 객관적 진동 기준이 절실하게 필요했던 것이다.

그래서 고안해 낸 것이 방화용 물통이었다. 방화용 물통의 물은 대략 진도 4 이상일 때 흘러넘친다. 에도시대 무사 가문에서는 이것을 이용했다. 방화용 물통의 물이 흘러넘치면 쇼군에게 문안 인사를 하기로 한 것이다. 이것은 1671년 에도 지진 후 고위 관리로부터 일반 관리에 이르는 기준이 되었다는 사실이 오카야마번 이케다(池田) 집안 문고인 「입국 이후 대지진고(御入

國以後大地震考)」에 기록되어 있다[이토 준이치(伊藤純一), 「에도시대의 진도계」, 『역사지진』 제21호]. 방화용 물통은 에도시대 사람들의 지진계였던 것이다.

오카모토는 곧바로 어린 영주에게로 달려갔다. 어린 영주는 마침 활쏘기 연습을 하느라고 궁도장을 벗어나 마당에 가 있었다. 영주의 생모는 아들이 활 쏘는 것을 보려고 바깥을 내다보고 있다가 마당으로 나왔다. 오카모토는 소년 영주에게 에도성의 쇼군에게 문안하는 전갈을 보내야겠다고 말하고 그 자리에 있던 한 무사에게 지시했다.

> "오후 4시 이전에는 쇼군께 사자를 보낸다. 그 이후에는 당직 로주(老中,
> 에도 막부에서 쇼군에 직속하여 정무를 담당하던 최고 책임자-역자)에게 사자를 보내야
> 한다."

세상이 평온할 때는 격식과 규칙을 아는 자가 힘을 갖는 법이다. 저택을 점검해 보니 대서원(大書院) 벽이 갈라져 있었다. 일기에 "이런, 어지간히 흔들린 모양이로군. 긴 시간 동안 흔들렸어."라고 쓰고 있다. 그날 소년 영주는 만일의 사태에 대비하여 활 쏘는 곳에서 식사를 했다. 그런데 호에이 지진의 공포는 이것으로 끝이 아니었다.

여진이 후지산 분화의 방아쇠?

1707(호에이 4)년 10월 4일 호에이 지진이 발생했을 당시 아키타 영주 사타케 요시타다는 아직 어린 열두 살이었다. 호에이 지진의 진동은 오래 지속되었으나 에도에 있는 영주 저택의 진동은 진도 4 정도여서 별일이 없었다.

그런데 영주의 후견인 오카모토(岡本元朝)가 쓰러졌다. 기민하게 지진 뒤처리까지 마치고 난 뒤의 스트레스 때문이었는지 복통이 있다며 오카모토는 일찍 퇴청했다. 어린 영주가 오히려 걱정을 해 주며 오늘은 숙직을 하지 말라고 했다. 기분 나쁜 진동이 어린 영주를 덮친 것은 다음날 아침이었다.

> 5시 무렵 지진. 어제만큼은 아니지만 꽤 많이 흔들리는 바람에 머리도 매만지지 못한 채 서둘러 나리마님 전으로 갔다. 가토 이치베(加藤市兵衛)가 나리마님을 침상에서 안아 내어 급히 뜰로 나갔다.(「오카모토 겐초 일기」)

사타케가는 고풍스러운 가문이었다. 전국시대가 끝난 지 100년이 지났어도 영주를 여느 번처럼 영주님(お殿様)이라고 하지 않고 나리마님(お屋形様)이라고 했다. 나리마님이라고 해도 열두 살 어린애에 불과하다. 침상에 누워 있는 영주를 가신이 안아 들고 마당으로 뛰어나왔다.

오카모토는 여느 때처럼 방화수통의 물을 확인했다. 흔들려서 넘쳤다면 진도 4이니 쇼군에게 지진 문안 차 사자를 보내야 한다. 그런데 "방화수통은 어제 지진(호에이 지진의 본진) 때 흘러넘치고 남아 있는 물이 적어서 넘치지 않았다. 기준에 미달하는 상태이다. 사람들에게 물어보게 했다."

호에이 지진 다음날 아침, 전날과는 비교가 안 될 정도로 강한 진동이 에도에도 밀어닥쳤다. 또 다른 지진이 발생한 것이다. 호에이 지진은 보통 지진이 아니라 후지산 폭발을 유발한 지진이었다. 그래서 호에이 지진에 대해서는, 본진으로부터 후지산 분화로 이어지는 데까지의 여진과 유발 지진에 관한 연구를 진지하게 할 필요가 있다. 현대를 살아가는 우리도 후지산이 폭발할 위험 가운데 살고 있기 때문이다. 호에이 지진 같은 거대 지진이 후지산 폭발의 방아쇠를 당길 경우 대지가 어떠한 움직임을 보여줄 것인지 알아 두어야 하는 것이다.

호에이 지진 다음날 아침에 일어난 이 지진의 진원은 시즈오카현 동부의 후지노미야(富士宮)시 인근이며 진도 6.6~7.0이었던 것으로 보인다.

「호에이 지진 다음날 아침의 스루가 지진에 관하여」(『역사지진』제27호)라는 논문이 있는데, 며칠 전 논문 저자 가운데 한 사람인 나카무라(中村操) 씨를 만난 자리에서 "진원지로 볼 때 호에이 후지산 분화에 영향을 준 방아쇠 지진일 가능성이 있으나 자료가 적어서 확실하게 말하기는 어렵기 때문에 시즈오카 사료가 중요하다."라면서 자료 탐색하는 것을 격려해 주었다.

그래서 「오카모토 겐초 일기」를 다시 읽어가다 보니 10월 7일 자에 중요한 기술이 있었다. "지난 4일 오다와라(小田原)에서는 지진이 상당히 강해서 문짝이 어긋나고 땅도 갈라지는 지경이었지만 작년만큼은 아니었다."라는 기록에 이어 "5일 아침 지진은 하코네가 심했다."라고 쓰고 있었다.

요컨대 호에이 지진 다음날 아침 지진에 대해 오카모토는 이틀 뒤인 7일에야 진원지 관련 정보를 얻었던 것이다. "5일 아침 지진은 하코네에서 진동이 강력했다."라는 정보가 그것이다.

호에이 지진 다음날 아침, 하코네와 후지미야 등 후지산 주변에서 강력한 지진이 발생한 것은 틀림없다. 대규모 지진이 일어난 직후에 후지산 주변에서 강력한 지진이 일어났고, 이어서 후지산 폭발이라는 일련의 흐름이 있는 것일까?

아키타번 영주의 보호자 역할을 하고 있던 오카모토는 자신의 일기가 300년 뒤 후지산 분화에 대비하는 데 도움이 되리라고는 상상도 못했을 것이다.

캄캄할 정도로 내린 화산재

만일 후지산이 분화한다면 도쿄는 어떻게 될 것인가? 이에 대한 답의 실마리도 12살 아키타 영주의 보호자이던 오카모토의 일기에 들어 있다. 1707(호에이 4)년 후지산 분화 때 에도의 모습이 상세하게 기록되어 있는 것이다.

호에이 분화에 대해서는 지금까지 아라이 하쿠세키(新井白石)의 자서전 『오리타쿠 시바의 기록(折りたく柴の記)』, 하타모토(旗本)가 쓴 「이토시마가미 일기(伊東志摩守日記)」 등이 기본사료로 간주되어 왔다. 지도 작성으로 유명한 이노 다다타카(伊能忠敬)의 선조가 치바현 사하라(佐原)에서 기록한 「이노 다다타카 일기(伊能景利日記)」(『역사지진』 제19호)도 널리 알려져 있다.

아래에서는 「오카모토 겐초 일기」를 바탕으로 후지산 폭발 당시 에도의 모습을 따라가 보기로 한다.

　11월 23일은 흐렸다. 어린 영주의 몸 상태는 좋아 보였으나 오카모토의 상태는 아직 회복되지 않았다. 그런데도 당일 아침부터 지진이 조금씩 너덧 차례 있었고, 그 사이에 땅은 흔들리지 않고 다만 '우르릉 우르릉'하는 소리와 함께 문이 덜컹덜컹했다. 이 강력하지도 않은 진동이 6시간 정도 계속되었다.
　후지산이 분화할 때는 먼저 공기를 진동하는 공진이 온다. 그다음에 얼마간 천둥이 치고 먼지 같은 것이 떨어진다. 이것을 알게 된 것은 오후 2시 무렵으로, 흔치 않은 일이라 에도에 체류하던 오카모토 등 아키타 가신들이 재를 주워서 살펴보았다.

　이치로 우에몬(市郎右衛門)과 젠사에몬(善左衛門)이 벼루 상자 뚜껑에 담아와 보여주었다. 손으로 만져 보니 잿물 같았다.

에도의 무사들은 무슨 일이 일어났는지도 모르고 순진하게도 화산 분출물을 손가락으로 뒤적거리며 고개를 갸우뚱하고 있었다. 무사들이 당혹스러워하는 당시의 표정이 눈앞에 보이는 듯하다.
　이야기를 들어보니 정오부터 화산재가 떨어진 모양이다. 그러나 그때는 "가랑눈인가보다 하고 지나쳤다." 진동은 그 뒤로도 계속되었다. 어린 영주를 헛간으로 들게 하고 거기에서 저녁 식사를 하도록 했다.
　오후 4시 무렵, 오카모토는 퇴청하여 저택을 나왔는데 "갈수록 떨어지는 것이 많아져 우산을 쓰고 걸었다. 지붕과 길과 땅에도 재를 뿌린 듯이 쌓여서 발자국이 찍혔다." 그동안에도 진동은 그치지 않고 번개도 쳤다.

오카모토는 주위가 어두워진 것을 보고 놀랐다. "정오 지나서부터 어두워지더니 저녁 무렵 같았다. 오후 5시 무렵부터 불을 밝혔다." 화산재 구름이 햇빛을 가로막아 오후 4시 무렵부터 마치 한밤중 같았기 때문에 등불을 켠 것이었다. 오카모토는 '희한한 일이로다.'라고 감상을 기록하고 있다.

저녁 무렵에 오카모토는 다시 저택으로 가서 영주 옆을 지켰는데 떨어지는 재가 그치지 않다가 오후 8시 무렵에 겨우 그치고 영주도 잠자리에 들었다. 기분 나쁜 진동이 계속되는 가운데 오카모토가 당직을 서고 있었는데 자정 무렵이 되어 들어가겠다며 퇴청했다. 진동은 밤새 그치지 않았다. 다음날은 하늘에서 모래가 떨어지면서 창문에 부딪히는 소리가 마치 아키타에 불어 닥치는 눈보라 같았다. 그 와중에 오카모토는 영주와 함께 우동으로 식사를 했다.

25일에 다시 캄캄할 정도로 화산재가 떨어졌다. "전날보다 모래 색깔이 더 검었다." 하얗던 화산재 색깔도 검은색으로 바뀌었다. 이날 오카모토는 이즈 오시마(伊豆大島)가 분화하여 자갈이 날고 하코네 일대의 통행이 막혔다는 소문을 들었으나 헛소문이었다. 27일, 시즈오카현 요시와라무라의 피해 보고서 사본이 막부를 거쳐서 전해져 왔고, 오카모토는 분화 후 닷새가 지나고 나서야 비로소 떨어지는 것이 후지산 폭발로 생긴 화산재라는 것을 알게 되었다.

천재지변으로 비춰본 일본의 역사

진동은 4일간, 화산재는 12일간

에도 사람들은 하늘에서 모래 재가 떨어질 때, 처음에는 그것이 후지산 분화로 생긴 화산재라고는 꿈에도 생각지 못했다. 떨어지는 화산재를 눈앞에 보며 에도 사람들이 후지산과 연결해 인식하기까지의 과정도 흥미롭기에 기술해 두고자 한다.

막부와 다이묘들 간에는 평소에 정보를 전달하는 장치가 제대로 마련되어 있었다. 특히 재난으로 인한 피해 상황 같은 것은 막부에서 다이묘들에게 상세하게 알려서 정보를 공유하고 있었다. 아키타번의 에도 저택에서도 처음 나흘 동안은 공기가 진동하고 화산재가 떨어지며 낮에도 어두워지는 것 같은 이상 현상의 정체를 알지 못하고 있었는데, 닷새째 되는 날 막부 관리가 소식을 전해왔다. 후지산 기슭 요시와라무라(현재의 후지시 요시와라)로부터 막부 대관에 보낸 보고이다.

> 지난 23일 스루가(駿河, 시즈오카현 동부)에서 아침부터 지진이 30차례 정도 있었고 후지산이 소리를 내기 시작하며 연기가 났다. 거기에 눈이 흘러 들어가자 연기가 솟구쳐 오르면서 진동으로 인근 고을에서 기절한 남녀들이 많았으나 죽은 자는 없었다. 낮부터 저녁까지 검은 연기 때문에 보이지 않았는데 날이 저물자 연기로 보였던 것이 사실은 불이 난 것이었다.

이 소식을 듣고 아키타번 가신 오카모토는 자신의 생각을 감탄하듯이 일기에 썼다.

그렇다면 여기에 떨어진 모래는 후지산에서 솟구쳐나온 모래재 같은 것이 떨어진 것인 모양이다. 진동도 그 울림이다. 큰 산이 이 정도이니 관동 지역 전체가 울린 것이다.

후지산에서 뿜어져 나온 화산재가 에도에서 100킬로미터 떨어진 곳까지 날아와 떨어졌다는 것이 뜻밖이었으리라.

오카모토는 또 "진동은 22일부터 있었다고도 한다."라며 후지산 기슭 마을로부터 전해진 정보를 세밀하게 기록하고 있다. 후지산은 분화하기 전날 진동이 있었고, 분화 당일에는 후지시 요시와라에서 약 30차례에 걸쳐 화산성 지진이 관측되었다는 것을 알 수 있다.

에도에는 매일 화산재가 떨어졌다. 중간에 뜸해지기도 했으나 12월 4일까지 재가 계속해서 떨어져 내렸다. 오카모토는 일기에 "12월 4일 오후 4시쯤, 모래가 많이 떨어지기에 우산을 쓰고 귀가했는데, 오후 10시에는 모래가 그치고 밤에야 하늘이 맑았다."라고 쓰고 있다. 이것을 끝으로 화산재가 떨어졌다는 기록이 없으므로, 아키타번의 에도 저택에서는 12일 동안 화산재가 떨어지는 것을 관측한 셈이다.

분화로 인한 진동은 4일 동안 이어진 듯하다. 12월 1일 일기에 "오늘 밤에 또 모래가 떨어졌다. 27일부터 진동은 없다. 후지산은 아직까지 불이 안 꺼진 것 같다."라고 되어 있는 데서 그것을 알 수 있다. 요컨대, 호에이 지진 때와 같이 후지산이 폭발할 경우, 도쿄에서 기분 나쁜 진동은 4일간, 화산재가 떨어지는 것은 12일간은 예상해야 한다는 것이다.

그러나 분화로 인한 본격적인 피해는 화산재가 그치고 나서부터이다. 12월 5일, 열두 살 아키타 영주는 행장을 갖추어 에도 보다이지(菩提寺)와 소센지(總泉寺)를 참배했는데 화산재 때문에 고통스러워했다. 바람이 조금만 불어도 길에 쌓인 모래가 날렸고, 7일에는 오카모토도 모래 때문에 눈이 아팠다. 바람이 불면 지붕 위에 쌓였던 모래가 날리면서 먼지가 눈에 들어가게 되니 사람들이 모두 고통스러워했다고 한다. 눈이 빨개진 오카모토에게 어린 영주가 어찌 된 일인가 묻자 오카모토는 "서둘러 말을 타느라(눈을 다쳤다)."라고 대답했을 정도였다.

화산재는 유리질로 되어 있다. 후지산이 분화하면 도쿄에서는 눈을 보호해 줄 고글이 불티나게 팔려나갈 것이다.

3. 고치 다네자키에서 지진을 겪은 무사의 증언

데라다 도라히코의 원풍경의 땅

"천재지변은 잊을 만할 때 온다."라는 말은 물리학자이자 수필가인 데라다 도라히코(寺田寅彦)가 맨 처음 한 것으로 알려져 있다. 그런데 나쓰메 소세키(夏目漱石)의 수제자인 그가 이 말을 글로 쓰지는 않았다. 수필에서 "천재지변은 좀체 안 일어나기 때문에 사람들이 앞에 간 차가 뒤집힌 사실을 잊어버릴 딱 그즈음에 서서히 다음 차를 꺼내는 것 같기 때문일 것이다."라고 쓴 적은 있다(데라다, 「천재지변과 국방」).

데라다는 일본의 재난 방비를 크게 발전시킨 인물이다. 관동대지진이 발생한 뒤, 그와 같은 대규모 도시 지진 재해가 두 번 다시 일어나지 않도록 철저한 피해 조사를 한 사람이 데라다였고, 현재의 도쿄대학 지진연구소의 모태를 만드는 데 지대한 공헌을 한 것도 그였다.

데라다가 방재에 그토록 열심이었던 것은 그 자신이 쓰나미가 상습적으로 몰려오는 고치(高知) 출신이라는 사실과 무관하지 않다. 특히 고치 시가에 인접한 해안 지역인 다네자키(種崎)라는 곳이 그의 사고(思考)를 형성하는 데에 크게 영향을 준 듯하다.

다네자키는 사카모토 료마(坂本龍馬)의 동상이 있는 관광지 가쓰라하마(桂浜)와 폭 약 300미터인 우라도(浦戸)만 입구를 사이에 두고 맞은편에 있는 산자수명한 모래 해변이다. 데라다는 중학교 때인 1892년 무렵부터 다네자키 바닷가에서 헤엄치며 놀았다. 데라다 집에서 일하는 하녀의 집이 다네자키여서 그녀의 소개로 어떤 2층 외딴집을 빌려서 한여름을 보내는 식으로 다네자키에 오래 머물렀던 것이다. 여기에서 그는 바다에 빠져 죽은 사람들의 이야기를 듣고 소름이 끼치는 느낌을 가졌다(데라다, 「해수욕」). 훗날 폐결핵에 걸린 데라다의 아내가 요양하러 간 곳도 이 다네자키였다.

다네자키는 데라다에게 어렸을 때 경험을 되살아나게 하는 풍경으로 남아서 바다가 진동하는 것이나 바다가 울리는 소리같이 바다에서 일어나는 자연현상에 관한 과학적 연구를 하는 바탕을 이루었다.

사실 다네자키야말로 고치시 근교에서도 쓰나미로 가장 비참한 인명 피해를 본 곳이었다. 감수성이 풍부한 데라다로서는 다네자키에 오래 머무는 동안 이것을 의식하지 않을 수가 없었을 것이고, 다네자키가 그의 재난방비 사상의 모태가 되었다고 나는 보고 있다.

과거 다네자키가 어떠한 쓰나미 피해를 보았는지에 대해 한 무사의 처참한 체험담이 남아 있다.

1734년, 도사(土佐) 영주가 참근교대(參勤交代)를 하기 위해 고치성을 출발하여 번의 인사들과 함께 배를 타고 우라도항에 도착했다. 에도까지는 아직도 뱃길이 많이 남아 있고 무사들은 각기 자신의 지난날 이야기를 하기 시작했다.

가시와이 사다아키(柏井貞明)라는 무사가 "우리 가족은 여기 우라도항 옆 다네자키에서 (27년 전에 일어난) 호에이 대지진 쓰나미를 겪었는데 나는 쓰나미 속에서 가까스로 목숨을 건졌다."라며 이야기를 시작했다. 함께 있던 무사들 모두가 놀라는 표정으로 자초지종을 자세히 말해보라고 했다. 그 증언이 중요하다고 여겨 상세히 기록한 것이 오늘날까지 남아 있는데, 「가시와이 씨 난행록(柏井氏難行錄)」이 그것이다. 에도시대의 무사 가족이 대형 쓰나미를 만나 피난하는 모습을 생생하게 기술한 희귀한 기록으로, 최근에는 그에 대한 연구도 나왔다(西尾和美, 「호에이 4년 지진 속의 가족과 그 사료」, 『재해·부흥과 자료』 제4호).

다네자키는 바다로 길게 뻗어나간 모래톱 끝부분에 형성된 마을이어서 쓰나미를 피하려 해도 주변에는 높은 지대가 없다. 그러한 곳에서 용케 살아남은 사람이 있었다며 배 안에 있던 무사들 모두가 의아해한 것도 무리가 아니었다.

산으로 피하라는 외침에 고지대로 피난

피난 기록 「가시와이 씨 난행록」을 읽어 내려가 보자. 이야기를 풀어가는 역할을 하는 가시와이 사다아키는 당시 세는 나이로 아홉 살이었고, 가족은 할머니, 아버지, 어머니, 형(12살), 여동생(5살), 남동생(2살) 등 모두 7명이었다. 그밖에 일하는 사람까지 포함하면 8명이 넘는 대가족이었다.

1707년 호에이 쓰나미가 왔을 때 이들 일가는 불행히도 쓰나미를 피하기 어려운 지대인 고치시 다네자키에 있었다. 다네자키의 지형은 특이하게도 산 쪽에서 바다를 향해 새의 부리처럼 모래톱이 바다로 뻗어나가 있었는데, 2킬로미터나 뻗어나간 곳의 끝부분에 이들 가족이 살고 있었던 것이다. 집이 다네자키 남쪽 끝에 있어서 문을 나서면 바로 바닷가였다고 하니 현재의 고치시 다네자키의 기후네(貴船) 신사 근처에 있었던 것으로 보인다. 지반의 높이가 2미터 정도인 저지대였다.

갑자기 엄청난 지진이 일어났고 집이 무너진다고 생각하고 가족 모두가 마당으로 뛰쳐나갔다. 아홉 살 먹은 사다아키는 아버지와 함께 남쪽 마당을 지나 문밖으로 나갔다. 그러자 믿기 어려운 광경이 눈앞에 펼쳐졌다. 바닷물이 완전히 빠져나가 있었던 것이다. 당시에 쓰나미 때문에 물이 빠져나갔다는 것을 몰랐던 사다아키와 부친은 그저 땅이 움직이는 것에 어쩔 줄 몰라 하고 있을 뿐이었다. 주변을 보니 지진 때문에 땅이 파도치는 것처럼 위아래로 꿀렁대고 있었다. 아버지와 아들은 땅이 움찔대는 파도에 실려서 아연실색하여 바라보고만 있었다.

효도가 중요하게 생각되던 시대였다. 진동이 진정되자 사다아키의 부친은 자신의 어머니인 할머니가 무사한지부터 걱정했다. 어렵사리 뒷마당에서 할머니를 발견했고 가족 7명과 일하는 사람까지 모두 무사한 것을 확인했다. 할머니가 말했다.

"이건 나야(지진)라는 것이야. 이럴 때는 풀숲으로 들어가야 해."

그래서 가족 모두 집 뒤쪽에 있는 북쪽 풀숲으로 들어갔다. 당시는 나이든 어른들의 지혜와 말에 무게가 있었다. 진동에 대비하는 데는 풀숲이 좋다고 옛날부터 전해져 오는 말을 따른 것이었지만 이 판단은 잘못된 것이었다. 다네자키 같은 바닷가 저지대에서는 한 걸음이라도 빨리 높은 지대로 피해야 한다. 이들 일가족은 할머니의 말 한마디 때문에 피난할 수 있는 소중한 시간을 헛되이 흘려보낸 것이었다.

그런데 그때 이들 일가의 운명을 결정한 다행스러운 소리가 귀에 들려왔다. 동쪽 바닷가 마을 쪽에서 큰 파도가 몰려오고 있으니 모두 산으로 가라는 소리가 들린 것이다. 그 소리를 들은 이들 일가족은 쓰나미의 위험을 알아차리고 산을 향해 달려갔다.

이것은 귀중한 역사적 교훈이다. 쓰나미를 피해 달아날 때 앞장서 피난하는 사람이 쓰나미가 오고 있으니 높은 곳으로 피하라고 큰소리로 외치면 그 소리를 듣고 주변 사람들도 알아듣고 피신할 수 있기 때문에 뛰어가면서 계속해서 소리를 질러 주는 것은 지역 사람들의 생존율을 높이는 결과로 이어진다. 쓰나미를 피해 달려갈 때는 목청을 높여서 큰소리로 외치며 뛰어가야 한다.

그런데 여기서 이 무사의 가족들은 또다시 시간을 허비하고 만다. 피난 가기 전에 다시 무너진 집 안에 들어가 조상 대대로 내려오는 칼을 꺼내오려 했던 것이다. 이 위험한 일을 열두 살짜리 형이 맡았고, 꺼내 온 무거운 칼을 열두 살과 아홉 살 형제가 등에 지고 뛰어가게 되었다. 그 사이에 쓰나미의 마수는 이들 가족 뒤에까지 바싹 다가와 있었다.

'효'의 무게—어린 딸 대신 노모를 구하다

가시와이 씨 난행록에는 교훈이 많이 들어 있다. 인간이란 제도와 사상으로부터 자유롭기 힘든 존재로, 이것이 재해를 피할 때 장애물로 작용할 때가 있다. 한시바삐 피해야 하는 터에 사다아키 가족은 가문의 신분이 피난에 걸림돌이 된 것이었다. 무사라서 조상에게서 물려받은 칼을 무너진 집에서 꺼내오는 데 시간을 허비하는 와중에도 가족 7명과 일하는 사람들은 높은 지대로 피신을 서둘렀다.

사다아키 일가가 살던 곳은 해발 2미터 모래톱 끝 다네자키였다. 약 2킬로미터 앞에 니이다(仁井田)라는 마을이 있는데 거기까지만 가면 산이 있었다. 약 1.5킬로미터 더 가면 니혼마쓰(二本松)라는 야트막하게 돋아 있는 곳이 있었는데, 해발 11미터인 그곳에서도 가장 높은 곳은 13미터였다. 그러니 어른 걸음으로 약 30분만 가면 안전한 그곳으로 피할 수 있을 것이었다.

천재지변으로 비춰본 일본의 역사

그런데 그렇게 되지 않았다. 에도시대에는 부모에 대한 효도를 무엇보다 중하게 여겼다. 부친은 늙은 어머니의 손을 잡고 가장 걸음이 더딘 노인의 발걸음에 맞춰서 피난 행보를 시작했다. 안타까운 것은 열두 살짜리 형이었다. 에도시대의 아이들은 열두 살이라도 의젓했다. 조상에게 물려받은 무거운 칼을 등에 짊어지고 어린 사다아키에게도 조금 가벼운 칼을 차게 했다. 어머니를 보호하는 역할을 맡은 형은 어린 나이임에도 일꾼에게 두 살 난 남동생을 안으라고 지시한 뒤에 뛰기 시작했다.

니이다의 산을 목표로 얼추 1킬로미터 남짓 북쪽으로 갔을 즈음에 심상치 않은 것이 느껴졌다. 뛰어가던 많은 사람이 무슨 말인지 알기 어려운 처절한 소리로 절규하기 시작했다. 뒤를 돌아보니 100미터 정도 뒤에 시커먼 숲 같은 쓰나미가 밀려오면서 사람들 있는 곳까지 차오르며 순식간에 빠른 속도로 덮쳐왔다.

달려가던 사람들 수천 명이 내는 "와아, 와아!" 하는 소리가 모기나 등에 소리처럼 들렸다. 이때 다네자키를 덮친 쓰나미의 높이에 대해서는 여러 설이 있는데 최근 연구에 따르면 11미터라고 한다. 사다아키 일가는 해발 10미터 정도 되는 지점까지 피해 오긴 했지만 순식간에 머리 위에까지 덮쳐온 쓰나미에 모두 빠졌다. 사다아키는 죽을힘을 다해 왼쪽 앞에 있는 생나무 울타리의 나무를 붙들고 물살을 버텼다. 떠내려오는 나무 문짝에 올라타려다가 놓치고 말았는데 그다음 순간 검은 파도에 파묻히고 말았다. 그런데 누군가가 떠내려오는 것을 보고 그 옆구리를 붙들고 놓치지 않으려고 그의 허리띠를 꽉 붙잡았다. 물속이라서 처음에는 누군지 몰랐는데 나중에 보니 자기 아버지였다.

아버지는 어린 여동생을 등에 업고 있었다. 조금 뒤에 쓰나미는 아버지의 어깨가 잠길 정도의 깊이가 되었다. 뒤돌아보니 쓰나미에 쓸려서 부서진 집 옆에 할머니가 위태로운 상태였다. 아버지가 놀라서 구하러 가려는데 등에는 아이가 업혀 있다. 지금 구하러 가지 않으면 할머니가 죽는다.

여기서 아버지는 오늘날 사회에서는 생각할 수 없는 행동을 한다. "하는 수 없이 등에 업은 딸을 물속에 내던지고 파도를 헤쳐 나가 가까스로 모친(조모) 곁에 다다랐다." 다섯 살 딸을 파도 속에 버리고 노모를 구하러 간 것이었다. 에도시대의 효의 무게는 그렇게 무거웠다.

재해를 당했을 때 평소의 관습이나 규칙 때문에 사람의 생명을 잃게 되는 경우가 있는데, 현대를 사는 우리도 가슴에 새길 일이다.

저체온증의 위험과 포기하지 않는 정신

가시와이 사다아키는 아버지의 허리를 붙든 채 시커먼 쓰나미 속에 잠겨 있었다. '이제 죽는구나!' 하는 순간, 운 좋게도 지붕에 사람이 올라가 있는 집이 떠내려왔고 마음씨 좋은 사람이 지붕 위로 끌어 올려 주었다. 아버지와 할머니까지 끌어 올려 주어서 죽음을 면할 수 있었다.

쓰나미에 휩쓸린 집 지붕에 사람이 올라가 있는 상태로 표류하면 위험하긴 하지만 지붕 위에 올라가 있는 사람이 물에 빠진 사람을 끌어올려 구할 수 있다면 생존율은 높아진다.

사다아키와 부친 그리고 할머니는 부유물이 걸리기 쉬운 곳으로 흘러갔다. 뒤에 제방이 있어서 쓰나미의 흐름이 약해지는 곳이었다. 지붕에 올라탄 상태로 떠내려가던 집이 창고와 큰 나무에 걸려 멈춰 서면서 태평양 먼 바다로 떠내려가지 않은 것은 불행 중 다행이라 할 수 있었다.

쓰나미의 첫 번째 파도는 얼마 후에 빠져나갔고 주변은 하얀 모래벌판이 되었다. 가족을 찾아보았으나 형도 어머니도 남동생도 보이지 않았다. 할머니를 구조할 때 물살 속에 내던져 버린 여동생도 없었다. 부서진 집 아래에는 밑에 깔려 반죽음 상태인 사람이 다섯에서 일곱 명가량 있었다. 쓰나미에 휩쓸려가는 집은 흉기가 되어서 물살에 떠내려가는 사람을 위협하는데 그것은 에도시대에도 마찬가지였다.

첫 번째 파도가 물러가고 난 뒤 사다아키의 부친은 그들을 구해보려고 무사답게 사람들을 모아 구조를 지휘했지만 커다란 집 들보 아래 깔려 있는 상태인 그들은 눈앞에서 모두 죽고 말았다.

결과적으로 이 시점에서 한 구조 작업은 매우 위험한 것이었다. 일시적으로 바닷물이 빠져나갔을 뿐 곧바로 두 번째 쓰나미가 몰려왔기 때문이다. 쓰나미의 첫 번째 파도를 피했다 해도 두 번째 파도가 이어서 온다는 것을 잊지 말아야 한다.

사다아키와 부친, 그리고 할머니는 이미 지칠 대로 지친 상태였다. 호에이 쓰나미가 온 것이 음력 10월 4일이었으니 양력으로는 10월 28일이라 기온이 낮았다. 쓰나미로 흠뻑 젖은 몸이 휘몰아치는 찬바람을 맞으면서 체온이 점점 떨어졌다. 그래도 부친과 할머니는 젖은 옷을 벗고 사다아키에게 그곳에 있으라고 한 뒤에 가족의 행방을 한참 찾아다녔다. 일꾼 두 명은 찾아냈지만 형과 모친, 남동생은 끝내 찾지 못했다. 사다아키는 망연자실했고 어찌할 방법도 없었다.

그때 두 번째 쓰나미가 온다고 외치는 소리가 들려왔다. 부친은 할머니에게 어떻게든 니이다의 산으로 피해보자고 했지만 할머니는 세상 끝 날이 온 모양이라며 어디로 가도 죽게 될 테니 여기를 떠나지 않고 빠져 죽겠노라고 했다. 그러자 부친은 할 수 있는 데까지는 가보고 거기서 어찌 되는지는 하늘에 맡기자며 피난할 것을 종용했다. 피난 가기를 꺼려하는 할머니의 손을 어린 사다아키가 이끌고 비틀거리며 걷기 시작했다.

그러나 겨우 아홉 살밖에 안 된 사다아키이다. 쓰나미에 휩쓸렸다 구사일생으로 살아나오긴 했어도 지칠 대로 지친 터라 할머니의 손을 이끌고 한 발짝도 떼기가 힘들었다. 걷지도 못하겠는데 등 뒤에서 쓰나미가 온다는 소리가 들렸다. 그때의 고통스러움이란 말로는 표현할 수가 없다고 훗날 술회하고 있다.

300년 전의 이 문서가 우리에게 말해 주는 것은, 노인과 어린아이들이 재난을 당했을 때 특히 저체온증에 취약하다는 것과 나이가 많은 사람은 책임감 있게 말하고 행동해야 한다는 것, 그리고 피곤하고 지친 상태에서는 마음이 약해져서 판단력이 무디어진다는 것 등이다. 이러한 점을 인식하고 노인이든 젊은이든 끝까지 피난을 포기하지 않는 것이 중요하다.

4. 전국을 덮친 호에이 쓰나미

오사카에는 언제나 쓰나미가 왔다

오사카에 대해 기술해 보려 한다. 난카이 해저구에서 대형 지진이 발생하면 오사카에도 쓰나미가 온다. 다만 오사카에 오는 쓰나미는 높을 때도 있고 낮을 때도 있어서 일정하지 않다. 그래서 쓰나미에 대비한다는 의식이 높아지기 어려울 수도 있다.

1946년에 발생한 쇼와 난카이 지진 때, 지금의 수족관이 자리 잡고 있는 오사카의 텐포잔(天保山)에 밀려온 쓰나미 높이는 70센티미터였다. 그래서 현재 오사카에는 쓰나미의 공포를 실제로 체험한 사람이 적은데, 이는 우려스러운 일이다. 재난 대비는 예전에 발생한 재해에 대한 기억의 영향을 받게 되어 있다.

예컨대, 한신(阪神) 대지진은 새벽에 발생했다. 전차와 신칸센의 운행 간격이 촘촘해지기 전 시간대였기 때문에 고가도로에 지진이 왔어도 피해가 없었던 감이 있다. 그래서 지진이 일어나더라도 고가도로 위에 있으면 안전하다는 인식이 알게 모르게 형성되어 있다면 그것은 위험천만한 일이다.

오사카의 쓰나미도 마찬가지다. 이번에 피해가 없었으니 다음에도 괜찮을 것이라는 보장은 없다. 오사카는 지대가 낮다. 나고야대학 감재(減災) 연계 연구센터의 조사에 따르면 오사카부에는 표고 5미터 미만인 저지대에 약 306만 명이 살고 있다.

그런데 역사적으로 보면 오사카는 항상 쓰나미 피해가 있었다. 에도시대만 해도 두 번, 1707년의 호에이 지진과 1854년의 안세이 난카이(安政南海) 지진 때 쓰나미로 인해 큰 피해를 보았다.

과거 오사카에 온 쓰나미의 높이를 알려면 교각의 피해 기록을 살펴보면 된다. 에도에 808정(町)이 있다면 오사카는 808교(橋)가 있다 할 정도로 오사카에는 다리가 많다. 에도시대에는 오사카의 도톤보리(道頓堀) 같은 운하에 목조선박이 떠다녔다. 쓰나미가 오면 이런 선박들이 운하를 거슬러 올라가면서 다리의 교각을 부수고 도시 안으로 몰려 들어왔다. 따라서 쓰나미가 왔을 때 어느 다리까지 부서졌는지를 조사해 보면 오사카에 온 쓰나미의 높이를 알 수 있는 것이다.

안세이 난카이 쓰나미 때 도톤보리강을 보면, 난바 다이코쿠바시(大黑橋) 바로 앞인 가나야바시(金屋橋)까지 다리가 부서졌다. 지진학자 하토리(羽鳥德太郎)에 따르면 당시 오사카에 밀려온 쓰나미의 높이는 2.5~3미터였다. 최근 연구에서는 표고 2.9미터 지점까지 밀고 올라간 것으로 되어 있다(나가오 다케시, 「호에이 지진에 따른 오사카 시의 쓰나미 높이」).

한편 안세이 쓰나미보다 약 150년 전에 있었던 호에이 쓰나미는 한층 더 강력했다. 니시야마(西山昭仁)의 「안세이 난카이 지진 당시 오사카의 진재대응」에서 그 피해 상황을 확인해 보면, 안세이 쓰나미 때 무사했던 다이코쿠바시보다 더 상류에 있는 에비스바시(戎橋)와 아이오이바시(相合橋)까지 무너지고 니혼바시(日本橋)만 가까스로 피해를 모면했다.

안세이 쓰나미 때에 비하면 표고 1미터 정도 더 높은 곳에 있는 다리까지 부서졌다. 호에이 쓰나미는 표고 3.6미터 지점까지 차오르면서 오사카 시가가 바닷물에 잠기고 말았던 것이다(앞의 나가오 다케시 논문).

호에이 지진과 같이 표고 3.6미터까지 차오르는 쓰나미가 올 경우, 현재의 오사카는 어디까지 침수되는지 국토교통성이 인터넷에 공개하고 있는 지리원 지도에서 확인해 보니 사카이(堺)의 긴테쓰 난바 니혼바시역을 넘어 국립 분라쿠 극장 앞을 지나서 이쿠쿠니타마(生国魂) 신사 앞 마쓰야마치(松屋町) 도로까지 침수된다는 것으로 나타났다.

그러나 이야기는 이것으로 끝나지 않는다. 호에이 쓰나미보다 더 강력한 쓰나미가 남북조 시대인 1361년에 오사카를 덮쳤을 가능성이 있다. 중세 시대 고문서를 바탕으로 이 대형 쓰나미에 대해 조사해 보기로 하자.

오사카에 온 5~6미터 쓰나미

동일본대지진을 겪고 난 뒤에 오사카부에서는 난카이 해저구에서 지진이 발생할 경우에 올 것으로 예상되는 쓰나미 높이를 두 배로 높여 잡았다. 1707년 호에이 쓰나미와 1854년 안세이 쓰나미를 고려하여, 그때까지 3미터로 되어 있던 것을 단번에 6미터로 상향 조정한 것이다. 그렇다면 오사카에 닥친 역사상 최대 쓰나미의 높이는 몇 미터일까? 6미터 이상 되는 쓰나미가 실제로 오사카에 온 적이 있는가? 이에 대해서는 전문가들 간에도 명확한 답이 나와 있지 않아 어려운 문제이다.

그 답을 짐작하게 하는 고문서가 나라 호류지(法隆寺)에서 기록한 『가원기(嘉元記)』이다. 1305~1364년 사이에 호류지의 집행위원을 지낸 승려가 기록한 일기인데 여기에는 1361년에 오사카에 밀려온 쓰나미의 양상이 다음과 같이 기록되어 있다.

텐노지(天王寺) 대웅전이 무너져 내리고 야스이 전 어소 서쪽 바닷가까지 바닷물이 차올라 그 사이에 있는 민가와 백성들이 다수 피해를 보았다.

텐노지는 사천왕사를 말하는 것인데 이때 당탑이 무너지면서 절에서 다섯 명이 깔려 죽었다. 야스이 전 어소는 사천왕사에서 서쪽으로 500미터 떨어진 곳에 있는 야스이(安居, 安井) 신사를 가리키는 것으로 보인다. 야스이 신사 서쪽 바닷가까지 쓰나미가 와서 가옥과 인명 손실이 컸다고 한다.

이것을 어떻게 해석할 것인가? 야스이 신사는 우에마치(上町) 단층으로 만들어진 우에마치 대지 단층 언덕 위에 자리 잡고 있는데, 언덕 아래쪽 신사 계단 첫 번째 단의 표고가 5미터이고 계단 맨 위 신사 건물이 있는 지반의 표고는 12미터이다. 지금은 야스이 신사에서 바다까지의 거리가 5킬로미터이지만 1361년 무렵에는 해안선이 지금보다 훨씬 내륙으로 들어와 있었다. 현재 한신고속도로 15호선 나니와 도로 근방이었을 것이다. 1361년 쓰나미가 왔을 당시 야스이 신사에서 바다까지는 2킬로미터 정도였다. 바다 쪽으로 평야가 펼쳐져 있었고 이마미야장(今宮の庄)이라는 민가도 있었다. 『가원기』에서 '안거전 어소 서쪽 바닷가'라 한 것은 야스이 신사 서쪽에 있던 바닷가, 즉 이마미야장을 가리킨다.

당시 이마미야장의 중심은 오늘날 이마미야 에비스(今宮戎) 신사에서 히로타 신사 부근이었던 것으로 보인다. 현재 이 일대의 표고는 3미터가량이고 쓰나미 당시에는 해안에서 1킬로미터 떨어진 곳에 있었다. 쓰나미로 인해 이곳이 큰 피해를 보아 민가가 유실되고 사망자도 발생했다면 쓰나미가 5~6미터급이었다는 이야기가 된다.

그렇게 보는 이유는 역사 시대의 가옥은 2미터가 침수되면 떠내려가면서 사망자가 급격히 증가하는데, 당시에 표고 2~3미터였던 것으로 보이는 이마미야 에비스 신사 근방 마을이 2미터 이상 침수되었다는 것은 해안에 도달한 쓰나미의 높이가 3미터 정도가 아니라 낮게 잡아도 5미터 이상이었을 것으로 추정되기 때문이다.

이번에 오사카부에서 예상 쓰나미 높이를 6미터로 상향 조정한 것은 고문서의 단편적 증거에 비추어 볼 때 타당하다. 타당한 정도가 아니라 그러한 쓰나미가 650년 전에 실제로 있었을 가능성을 지적할 수 있다.

5~6미터급 쓰나미가 온다면 저지대가 넓게 펼쳐진 오사카로서는 큰일이다. 그러나 쓰나미가 도달하기까지는 약 2시간 여유가 있으므로, 그사이에 수문을 닫고 높은 건물로 올라가는 등 재난을 최소화하는 피난 행동을 한다면 인적 피해는 상당 부분 줄일 수 있을 것이다.

다만 이러한 쓰나미가 올 때는 진도 6의 지진에도 대비해야 하며 연약지반 위에 건설된 수문과 해안가 제방이 온전하게 보존되어 제 기능을 할 수 있을 것인지 걱정은 남는다. 오사카에서는 원래 3미터급 쓰나미를 예상하여 해안 제방을 쌓았기 때문에 6미터급 쓰나미에 대한 대비로는 완벽하다고 할 수 없을 것이다.

향후 다중 방어 개념을 도입하여 수문과 제방을 정비하고 점검함으로써 도시를 지켜가야 할 것이다.

방조제를 쌓은 영주의 리더십

에도시대에 쓰나미 피해를 본 뒤에 긴급 대책으로 쓰나미 방조제를 단기간에 건설한 역사가 있다.

와카야마현 히로무라(広村, 현재의 히로가와초)에 야마사 간장 회사의 7대째인 하마구치 기헤(浜口儀兵衛, 1820~1885)가 축조한 히로무라 제방이 국가 사적으로 지정되어 있다. 1854년 안세이 쓰나미 이후 건설 계획을 수립하여 4년 가까이 걸려서 1858년에 완성하였다. 민간의 힘으로 건설한 것으로서 제방 길이가 약 600미터, 높이가 5미터이다. 관동지역에서 간장 사업을 크게 하는 하마구치 가문의 재력을 배경으로 했다 해도 이는 실로 대단한 것이었고 1946년 난카이 쓰나미 당시 이 제방이 실제로 제방 구실을 충분히 하였다. 4~5미터급 쓰나미가 왔으나 제방으로 보호된 옛 마을만 쓰나미 피해를 가까스로 면했던 것이다.

그런데 전국적으로 별로 알려지진 않았어도 이보다 약 150년 전 규슈에 장대한 쓰나미 방조제가 축조되어 있었다. 오이타(大分)현 사이키(佐伯)에 녹봉 2만 석 다이묘가 있었는데, 그 집안은 기묘하게 제방과 인연이 있었다. 그의 성은 본디 모리(森)여서 모리 다카마사(森高政)라는 것이 당시의 호주 이름이었다. 다카마사는 히데요시 밑에서 추고쿠(中國) 지방의 대 다이묘인 모리 데루모토(毛利輝元)와 싸웠는데, 이때 유명한 비추(備中) 다카마쓰(高松)성을 물로 공략하는 데 참여했다. 지대가 낮은 습지에 쌓은 적의 성 옆에 둑을 쌓아 수몰시킨 전투였다.

그런데 전투 중에 혼노지(本能寺)의 변이 일어나 오다 노부나가(織田信長)가 죽는다. 히데요시는 주군 노부나가가 죽었다는 사실을 숨기고 모리와 화친을 맺었다. 화친을 맺을 때는 인질을 교환하는 일이 자주 있어서 히데요시 측에서는 모리 다카마사가 모리 데루모토에게 인질로 가게 되었다. 이때 데루모토가 "모리(森)는 본디 모리(毛利)와 음이 같으니 앞으로는 모리(毛利)로 쓰고 영원히 형제의 의를 맺자."라며 도탑게 대우하겠다는 약속을 했다. 히데요시도 모리(森)를 모리(毛利)로 바꾸는 것을 허락하여 그 후로 모리 다카마사(森高政)는 모리 다카마사(毛利高政)가 된다.

히데요시는 다카마사의 다른 가신과 구로다(黒田官兵衛)에게 "만일 노부나가가 죽은 것을 알고 모리 측이 등 뒤에서 공격해 오면 수공에 쓸 둑을 터 버리라."라는 밀명을 내렸다고 전해진다. 그러면 물이 넘쳐서 모리 데루모토 측 군사들이 추격하는 것을 늦출 수 있다는 것이었다. 「히데요시 사기(秀吉事記)」 등에 이러한 기술이 있으며 『사이키 시사(佐伯市史)』 등은 이 설에 따르고 있다.

이 모리 다카마사가 사이키번의 시조인데 1707년 10월 4일, 6대 영주 모리 다카야스(毛利高慶) 때 사이키에 호에이 쓰나미가 밀려왔다. 수군으로 이름이 높았던 사이키의 모리 가문은 바다 가까운 포구 쪽에 거점을 두고 있었는데, 그로 인해 사이키성 아랫마을은 정면으로 3.5~4미터 쓰나미 피해를 보게 된다(하토리 도쿠타로, 「규슈 동부 연안의 역사 쓰나미 현지 조사」).

6대 영주가 놀랄 만한 리더십을 발휘한 것은 이때였다. 쓰나미 직후 성 아랫마을 전체를 방조제로 둘러서 막기로 결심한 것이었다. 피해를 본 지 17일 만에 공사를 시작하여 두 달간 밤낮을 가리지 않는 공사로 새로 쌓은 제방 1.3킬로미터를 포함하여 4킬로미터 방조제를 완성하였는데, 영주 다카야스 자신이 공사 현장에 나가 공사를 독려했고 동원된 연인원은 34,793명에 이르렀다고 한다.

추신구라의 무사들도 그렇지만, 대체로 1700년 무렵까지의 근세 무사들은 행동력이 있고 결단이 빨랐다. 그러나 평화가 이어지고 세습이 거듭됨에 따라 근세 무사들의 행동은 점점 격식에 매여서 제 기능을 발휘하지 못하는 경향이 나타난다. 막부 말기에 이르자 오히려 민간인들의 활력이 뛰어나 하마구치(浜口梧陵) 같은 민간 독지가가 방조제 건설 같은 공익사업에서도 활약하는 모습을 보게 된 것이다.

5. 난카이 해저구는 언제 움직이는가

대지진 이후의 과제

동일본대지진이 일어난 뒤로 역사학에도 숙제가 하나 더 늘었다. 지진 발생 후 나는 하마마쓰(浜松)로 이사했다. 도카이 지진 쓰나미 상습 피해지역으로 가서 과거의 쓰나미에 관한 고문서를 찾아보기 위해서였다. 과거에 있었던 재난 기록을 들추어서 오늘을 살아가는 사람들의 안전에 참고가 되게 하자는 작업이다. 그중에서도 관심 가는 것이 난카이 해저구(Nankai Trough)와 연동된 대형 지진이 언제 일어나는가 하는 것이다.

현재 피해가 확실하게 예상되는 것 가운데 일본이 처할 수 있는 최대 위기는 이 난카이 해저구와 연동된 지진이다. 정부 중앙방재회의가 예상하는 피해 규모도 산출되어 있는 상태이다. 피해 규모를 최대로 잡았을 때 인적 피해 32만 명, 경제적 피해는 220조 엔을 넘는 것으로 되어 있다. 다만, 이 수치는 동일본 지진 때와 달리 모든 원자력 발전소가 지진으로 인한 연쇄 사고를 막는다는 장밋빛 전제하에 계산된 것이다. 독성 강한 플루토늄 같은 핵물질 유출을 막지 못한다면 이 정도 규모의 피해로 끝나지 않는다는 점에도 주의할 필요가 있다.

역사적으로 보면 난카이 해저구에서 발생한 대형 지진에는 초대형 지진과 대형 지진이 있다. 32만 명이 사망하는 최악의 피해가 현실화하는 초대형 지진이 일어날 확률에 대해서는 연구자들 간에도 다양한 견해차가 있어 확실하지 않다. 그러한 재난은 천 년이나 오백 년에 한 번 일어날지도 모른다.

지금까지 밝혀진 사실은 다음과 같다.

① 난카이 해저구 지진은 약 100년 주기로 발생한다.
② 동시 또는 수년 이내에 엔슈나다(遠州灘)에서 시코쿠(四国) 먼바다까지 연동되어 일어나는 것이 일반적이다.

③ 고문서의 기록에 따르면 90년보다 짧은 주기로 두 차례 발생한 것은 역사적으로 확인되지 않는다.

④ 역사기록을 충실하게 한 남북조 시대 이후를 보면 150년 동안 발생하지 않았던 적은 한 번도 없다.

『일본서기』의 텐무(天武) 천황 때로부터 오늘날까지 난카이 해저구 지진은 아홉 차례 발생한 것으로 알려져 있다. 그런데 2012년에 오카야마대학 이마즈 가쓰노리(今津勝紀) 준교수가 난카이 지진이 한 차례 더 있었다는 사실을 알아내어 10회 발생설을 발표했다.

『일본기략』의 기술을 바탕으로 교토로 천도하기 직전인 794년 7월 10일에 난카이 해저구가 움직였을 수 있다는 것이다. 쓰나미 때문이었는지 2년 뒤에 도쿠시마(德島)·고치(高知)·에히메(愛媛)의 관도 대부분이 폐쇄되었다고 한다. 이것이 사실이라면 난카이 해저구가 200년이라는 간격을 더 벌리지 않고 반드시 움직인 셈이다. 그러나 이 설에 대해서는 사료 가운데 '진(震)', '진사(震死)'가 지진이 아니라 각각 낙뢰와 낙뢰사를 의미한다는 강력한 반론이 제기되어 의문시되기도 하기 때문에 현재로서는 확실히 알 수 없다.

가마쿠라 막부 초기인 1200년을 전후한 시기에만 유일하게 난카이 해저구 지진이 확인되지 않고 있어 262년이라는 지진 공백기가 있는데, 밝혀지지 않았던 지진이 앞으로 발견될는지도 모를 일이다. 고대에는 기록이 제대로 남아 있지 않은 경우가 많아서 피해 규모가 크지 않은 난카이 해저구

지진은 기록으로 남아 있지 않을 가능성이 있다.

최근에 난카이 해저구가 움직인 것은 1944년과 1947년이므로 약 70년이 되어가고 있다. ③에서 언급한 난카이 해저구 지진은 90년 안에 두 차례 발생한 적이 없다는 역사적 경험으로 보면 20년 남짓 지진이 늦어지는 기간이 있을지 몰라도 상대는 지구이다.

400년 전 승려가 남긴 재난 대비 정보

도카이 지진과 같이 난카이 해저구에서 일어나는 대형 지진은 대체로 100년 주기로 일어나는데, 현재 약 70년이 지난 상태이다. 난카이 해저구 대형 지진에 이어 일어나는 쓰나미의 종류는 두 가지이다. 하나는 백 년마다 오는 통상적 대형 쓰나미로, 시즈오카현 평야 지대 같은 곳에서는 7미터 이하이고 오사카만에서는 4미터에 못 미치는 높이의 쓰나미가 되는데, 에도시대의 호에이 쓰나미(1707년), 안세이 쓰나미(1854년)가 여기에 해당한다.

에도시대에는 해안 사구가 일반적으로 현재보다 높은 10~12미터였기 때문에 이 정도 높이까지의 쓰나미는 상당 부분 막아 주었다. 사구가 없는 강 어귀와 물가에서는 막대한 피해가 발생했으나 내륙 깊은 곳까지 쓰나미가 전면적으로 밀고 올라가지는 못하였다.

그러나 문제는 또 하나의 쓰나미이다. 천 년에 한 번이나 오백 년에 한 번 오는 이례적인 대형 쓰나미가 있다. 이 쓰나미는 호에이와 안세이 쓰나미의 2~3배 높이로 알려져 있으며 마지막으로 온 것은 1498년이었다. 쓰나미의 높이가 시즈오카현 평야 지대에서 10~15미터였고, 오사카만에도 1361년에 5미터 넘는 대형 쓰나미가 왔었을 가능성이 있다. 이러한 경우에는 쓰나미가 사구를 가볍게 넘어서 도카이 지방과 오사카 평야 지대의 도시 주민을 직격하게 된다.

그런데 이러한 대형 쓰나미가 실제로 온 적이 있었는가? 여기에서 고문서가 위력을 발휘한다. 좀 뜬금없는 이야기처럼 들리겠지만 약 400년 전 이즈(伊豆)반도에 강에이(願榮)라는 승려가 있었다. 나는 이 무명의 승려에게 이루 말할 수 없이 감사하고 싶은 마음이다. 이 승려가 후세의 인간들을 쓰나미로부터 지켜줄 중요한 기술을 목판에 새겨 남겼기 때문이다.

1605년 2월, 난카이 해저구가 움직여 대형 쓰나미가 일본을 덮쳤고 이즈 반도의 니시나(仁科) 마을에도 지진과 쓰나미가 왔다. 피해를 본 사와(佐波)라는 신사를 새해 초에 다시 세웠는데, 그 재건 기념 상량문에 강에이가 일본 방재사에 남을 문장을 써 둔 것이다. 원문을 현대어로 고쳐 써 보면 다음과 같다.

> 1498년 쓰나미는 데라가와(寺川)의 보까지. 또 그 후 99년 지난 1605년 12월 16일에는 울 안 요코나와테(橫繩手)까지 (쓰나미가) 들어왔다. 말세에 이에 대한 대비가 있기를.

강에이로서는 쓰나미로 죽은 마을 사람들이 안타까웠음에 틀림이 없다. 그래서 후세를 위해 1498년 쓰나미와 1605년 쓰나미로 어디까지 침수되었는지 기록으로 남긴 것이다. 그 뒤 막부 말기 메이지 시대에 하기와라 마사히라(萩原正平)라는 국학자가 이 상량문 기술을 바탕으로 현지를 답사하여 쓰나미가 논밭을 휩쓸고 올라간 거리를 계산해 냈다(『증정 즈슈시고(增訂豆州志稿)』).

그 결과, 1498년 메이오(明応) 쓰나미는 바다로부터 2킬로미터 지점—쓰나미 학자 쓰지 요시노부(都司嘉宣)에 따르면 표고 약 10미터—까지, 1605년 게이초(慶長) 쓰나미는 바다로부터 1.4킬로미터 지점(표고 약 7.5미터)까지 왔다는 사실이 밝혀졌다.

이것은 중요한 정보이다. 메이오 쓰나미는 아마도 10미터가 넘는 높이로 시이나 마을을 2킬로미터 내륙까지 침수시켰을 것이다. 1.4킬로미터가 침수된 게이초 쓰나미보다 규모가 컸음을 알 수 있다. 덧붙이자면 안세이 쓰나미의 높이는 이 부근에서 5미터 전후였으므로 현재의 지형으로 볼 때 1킬로미터 정도 내륙(표고 4.5미터)까지 도달한 뒤에 멈췄던 것으로 보인다.

따라서 니시나라고 하는 '지진 쓰나미계'로 측정한 역대 쓰나미의 크기는 메이오(1498) > 게이초(1605) > 안세이(1854)의 순이다. 시대에 따라서 지형도 어느 정도 변하기 때문에 일률적으로 말할 수는 없으나 사백 년 전에 강에이라는 승려가 쓰나미가 도달한 지점을 기록으로 남겨 둔 덕택에 이와 같은 방재 정보를 얻을 수가 있는 것이다.

이처럼 역사적으로 고찰해 보면 난카이 해저구 지진으로 인한 쓰나미에도 대·중·소가 있음을 알 수 있다. 이 역사적 경험을 바탕으로 앞으로 닥쳐올 쓰나미 높이의 확률 분포까지 생각해 두어야 할 것이다.

우리는 약 오백 년 동안 다섯 차례의 난카이 해저구 쓰나미를 겪었다. 이 가운데 ① 평야부에서 십여 미터 높이의 쓰나미가 1회(1498 메이오 쓰나미), ② 5미터 이상 쓰나미가 3회(1605 게이초·1707 호에이·1854 안세이 쓰나미) ③ 5미터 미만 쓰나미가 1회(1946 쇼와 난카이 쓰나미)이다.

여기에서 십여 미터 쓰나미가 20퍼센트, 십여 미터에 못 미치지만 5미터 이상인 쓰나미가 60퍼센트, 5미터 미만 쓰나미가 20퍼센트라는 확률로 온다는 것은 기억해 두어야 할 것이다.

십여 미터에 달하는 쓰나미는 방조제 같은 토목 구조물 가지고는 대비책이 되기 어렵다. 바다 가까운 저지대에서는 땅이 흔들리면 지체 말고 뛰어서 높은 지대로 올라가는 것이 중요한 이유이다.

제3장 산사태·해일과 일본인

1. 산사태를 피하려면

이즈 고즈시마, 산사태의 전조

산사태에서 생명을 지키려면 어떻게 해야 하는가에 대한 고민은 지금 우리만의 문제가 아니었던 모양이다. 쓰나미보다 더 자주 일어나는 산사태는 그야말로 지금 우리 곁에 있는 위기의 문제이다.

2013년 10월 16일 26호 태풍으로 이즈 오시마(伊豆大島)가 입은 엄청난 피해에 충격을 받은 나는 곧바로 과거의 기록을 찾아보았다. 「이즈 고즈시마 산사태 조사보고」라는 오래된 보고서가 있었는데, 이즈 제도(伊豆諸島)에서 발생한 산사태의 원인을 근대과학의 방법을 써서 규명한 논문 가운데 가장 이른 시기의 것으로 보인다.

메이지 시대 일본 과학자는 사태에 대한 대응이 빨랐고 과학을 현실 세계에 적용하려는 정신이 투철했다. 1891년 노비(濃尾) 지진의 참상을 접하고 '진재예방 조사회'라는 방재과학 조직을 설립하여 동경제국대학의 젊은 학사 등을 재난 피해지역에 위촉 조사원으로 파송하여 재해 실태조사와 원인 규명을 한 것이다.

이 보고서는 그 가운데 하나로 1907년 7월 8일 고즈시마(神津島)에서 일어난 산사태 재해(사망 16명, 부상 31명, 전파 가옥 35채, 반파 가옥 6채)를 이학사 가토 다케오(加藤武夫)가 조사한 것이었다. 가토는 후일 동경제국대학 광상학 강좌의 최초 교수가 되는데, 그는 무코다 구니코(向田邦子) 각본 「데라우치 간타로 일가」에서 어머니 역으로 알려진 여배우 가토 하루코(加藤治子)의 시아버지이기도 하다.

가토 다케오는 섬의 재난 피해 상황을 빠짐없이 조사했다. 먼저 산사태가 일어나기 전 일주일 동안 비가 내린 양상을 살폈는데, 비가 계속해서 내린 것은 아니었다. 산사태가 나기 하루 전인 7일 오전까지 나흘간은 맑았다가 "정오 가까이 되어서부터 많은 비가 오기 시작하여 밤새도록 내렸다. 8일 오전 2시 무렵부터 4시경까지 사이에 여러 곳에서 산이 무너져 내렸다. 그 당시는 물통을 뒤집어 놓은 것같이 강한 비였다." 고즈시마에 온 비는 짧은 시간 동안 내린 호우였고 비가 오기 시작한 지 14시간 정도 지나 산사태가 발생했다.

그렇다고 해도 이 정도로까지 심각한 산사태로 이어진 이유는 무엇이었을까? 가토는 섬의 지층에서 그 원인을 찾았다. 이즈 오시마와 마찬가지로 고즈시마는 화산섬이다. 섬 아래에는 화산성 천연 유리인 흑요석이 드러난 곳도 있으나 중턱 위부터는 푸석푸석하고 거칠며 가벼운 화산재층이 용암 위에 쌓여 있는데 이것이 문제가 되었다. 화산재층에는 "점토가 비교적 많이 들어 있는 것과 점토가 적은 것과의 차이"가 있었다.

그래서 비가 많이 올 때 푸석푸석한 화산재층으로는 물이 흡수되지만, 비교적 많은 양의 점토질을 포함하고 있는 층 위에서는 물이 수로와 같은 기세로 흐르면서 위에 있는 지층을 송두리째 흘려보낸다. 가토는 그 원인을 다음과 같이 보고하였다.

> 언덕이 무너져 내린 간접적 원인은 경사가 급한 언덕과 화산재층이 조밀하지 않은 것이고, 직접적 원인이 된 것은 유례없는 호우로 인해 화산재층 내부에 생긴 수많은 수로들이 아닐까 한다.

화산재로 이루어진 급경사지는 쉽게 무너진다. 가토는 그러한 곳에 집을 짓지 말라고 다음과 같이 경고한다.

> 이상과 같은 사실을 종합해 보면, 이 섬에 가장 넓게 분포하는 조밀하지 않은 유문암질 화산재층에 대해 충분히 경계를 해야 하며, 이 지층으로 이루어진 언덕 위나 아래에는 집을 짓거나 경작지를 조성하지 않도록 하고 호우로 인한 홍수에 대비해 만반의 준비를 해야 한다.

그럼에도 이미 주택을 지은 곳은 어떻게 해야 하는가? 해가 떠 있는 시간에 안전한 곳으로 빨리 피하는 것이 상책이다. 산사태가 나기 전에 징조가 나타나는 경우가 가끔 있는데 이것이 중요하다. 땅이 울리는 현상이나 이상한 냄새가 나면 주의해야 하고, 알아차렸다면 피해야 한다. 피할 수 없는 경우에는 생존율이 높은 2층으로 올라가는 것이 좋다.

당시 고즈시마에서는 신사 쪽에서 "고개는 쨍쨍 동쪽은 흐리다. 얼마 안가 여기는 물바다가 된다."라는 괴이한 소리가 들려왔다는 말이 전해 내려오는데, 이는 산사태가 나기 전에 나는 땅울림의 일종이었다고 한다.

안세이 지진 후의 산사태

산사태 재해 경계 구역은 전국적으로 20만 곳 이상이며 지방자치단체에서 지정한 위험 장소는 52만 5,307곳이라고 하니 남의 일이 아니다. 나는 고문서를 바탕으로 대형 지진과 쓰나미에 대해 경종을 울려 왔는데, 지금 바로 곁에까지 다가와 있는 위험이라는 산사태 재해의 역사를 알아 두는 것은 절박한 과제라고 뼈저리게 느끼고 있다. 산사태로 인한 재해의 역사를 알아 둔다면 살릴 수 있는 생명이 있다. 시즈오카현에 사는 한 주민이 편지를 보내왔다.

선생님, 시즈오카도 사방이 후지산 화산재라서 비만 오면 지반이 물러집니다. 에도시대의 산사태 재해에 관한 고문서도 조사해 주시기 바랍니다.

편지를 읽고 나서 에도시대에 있었던 산사태에 관한 고문서를 찾아보기로 했는데, 찾다가 난관에 부딪혀 고민에 빠졌다. 에도시대에는 '산사태 재해'라는 용어가 없었다. 고문서를 검색하려면 키워드가 필요하기 때문에 역사적으로 산사태를 어떻게 표현했는가 하는 것을 먼저 파악해야 했다.

쓰쿠바대학 니시모토(西本晴男) 교수의 「토사 이동 현상 및 토석류의 호칭에 관한 변천 연구(土砂移動現象及び土石流の呼称に関する変遷の研究)」에 따르면, '산사태(山崩)'라는 표현은 고대부터 있었다고 하며, 토석류 외에 지진과 화산 폭발로 인한 재해에도 이 용어가 사용되었다. 에도시대에는 토석류 현상을 표현하는 데에 '산사태' 외에 '산 쓰나미(山津波)', '산 너울(山潮)'이라는 용어가 나타난다. '지활(地滑)', '이류(泥流)'는 비교적 새로운 용어여서, 20세기 초에야 국어사전에 등장한다. '토석류(土石流)'는 동경제국대학 사방공학 교수였던 모로토(諸戸北郎)가 1916년에 만든 번역어일 가능성이 높은데, '총알수(鉄砲水)' 등과 함께 일반적으로 쓰이게 된 것은 1920년대 중반 이후인 듯하다.

역사에 나타난 산사태의 가장 일반적 명칭인 '산사태(山崩)'를 키워드로 하여 시즈오카현 역사문화정보센터 소장 사료를 개인 컴퓨터로 검색해 보니 막부 말기에 있었던 처참한 산사태에 관한 고문서를 쉽게 검색할 수 있었다. 1857년 7월 「이하라군 니시쿠라사와무라 산사태 피해 보고」는 그 가운데 하나이다.

현재의 시즈오카시 시미즈구에 있었던 니시쿠라사와무라(西倉澤村)는 삿타산(薩埵山) 아래를 도카이도(東海道)가 바닷가를 따라 가느다랗게 지나가는 곳이다. 이 마을에 "1일부터 강한 비가 계속 내려 8일 밤 8시 반 무렵 마을 뒤쪽에서 산사태가 났다. 내려오던 물이 앞서 일어난 작은 산사태로 막혀 있다가 버티지 못하게 되자 천둥 같은 소리를 내며 한꺼번에 흙탕물이 밀어닥쳐 도카이도 길에 산처럼 쌓였다. 그때 농부 모시치(茂七)의 집을 비롯해 4채가 전파, 5채는 반파되었고 현장에서 죽은 사람이 2명이었다."

마을 사람들은 이 피해 앞에 망연자실했다. 마을이 "흙 아래에 파묻혀 지붕만 보였기 때문에 (마을 사람들이) 모두 달려들어 파내고 보니 모시치의 열다섯 살짜리 딸 제우와 그 집에 와 있던 친척의 열일곱 살 먹은 딸 시게가 빠져나오지 못한 채 이미 숨져 있었다. 그 밖에 남자 두 명도 흙 속에 있었으나 그들은 별 탈 없이 살아났다."

사체 2구를 수습한 뒤에 마을 사람들은 관청에 다음과 같이 보고했다.

> 안세이 지진으로 산의 지반이 물러져 있던 것이 호우로 무너져 내렸을 것이다. 삿타산에는 위태로운 곳도 있었지만, 마을 뒷산은 지금까지 한번도 산사태가 난 적이 없어서 방심했다. 잠옷 차림으로 뛰쳐나오는 바람에 가재도구 하나도 건지지 못한 채로 집이 흙 속에 파묻혔다.

여기에는 그 뒤의 이야기가 있다. 내가 이 글을 쓴 것은 2013년 11월이었는데, 2014년 10월 정말로 삿타산의 언덕이 무너져 도카이도 본선이 막히는 사태가 발생했다. 두 소녀 제우와 시게의 목숨을 앗아간 곳에서 가까운 서쪽이 무너져 열차가 열흘 가까이 막히는 바람에 사람도 화물도 오가지 못하는 엄청난 사태가 발생한 것이다. 산사태가 일어날 가능성이 있는 곳은 역사가 가르쳐 주고 있는 만큼 지자체와 철도회사에서는 미리 대비하는 것이 바람직하다.

붕괴지에 건설한 단지

산사태가 날 만한 곳을 역사에서 배워 알아 두는 것이 중요한데, 2014년 8월에 이것을 통감하게 하는 큰 참사가 발생했다. 히로시마시 아사미나미구 야기 등지에서 대규모 산사태가 발생하여 많은 희생자가 발생한 것은 안타깝기 그지없는 일이다.

나는 2013년 11월 아사히 신문에 이즈 제도 고즈시마에서 발생한 산사태를 들어 "조속히 안전한 곳으로 피난하는 것이 제일이다. 산사태가 나기 전에 전조가 나타나기도 한다. 땅이 울리거나 이상한 냄새를 알아차려야 한다."라고 지적했는데, 쓰나미보다 더 빈번하게 오는 산 쓰나미, 즉 산사태에 대해 좀 더 언급했었더라면 좋았겠다는 생각이 들었다.

히로시마에서 일어난 그 산사태 현장에 관한 고문서를 다시 조사해 보아야겠다며 안타까운 마음을 안고 하마마쓰에서 신칸센을 타고 도쿄도립중앙도서관으로 가서 야기(八木) 지구에 관한 옛 기록을 찾았다. 먼저 야기가 히로시마시에 합병되기 전의 지자체사 『사토초사(佐東町史)』를 살폈다.

본정 선상지 뒤에 급경사면이 있는 것으로 볼 때, 토석이 여러 차례에 걸쳐 흐르면서 형성된 것으로 보인다. 각이 진 큰 자갈이 많이 들어 있고 경사면 중간에 튀어나온 단구를 볼 수 있(중략)는데, 이것은 토석이 흐른 자취의 원형이라 할 수 있다. 완만한 경사면은 현재 현영 주택을 중심으로 택지가 조성 중이어서 평지가 된 곳도 있다.(후략)

이와 같은 기록과 함께 주택지에 생생하게 남아 있는 토석이 흐른 자리에 형성된 대나무 숲 사진이 실려 있었다.

토석이 여러 차례 흘러내린 흔적이 남아 있는 바로 옆에 현영 주택 같은 단지를 건설하고 있었던 사실이 현지의 역사로 확연하게 기록되어 있었다. 야기 지구 단지 조성은 1937년에 미쓰비시중공업의 히로시마 제작소 종업원 단지 조성에 관한 논의로부터 시작되었고, 고도 경제 성장기에는 그리코(グリコ)와 유키지루시(雪印) 우유공장 유치와 맞물려 급속도로 단지화가 진척되었다.

당시 기술과 경제성장을 신봉하고 있던 일본인들은 인간이 자연을 통제할 수 있다고 놀라우리만큼 믿고 있었다. 지금 일어나는 산사태나 원전 사고는 당시의 사상으로 진 빚을 후손인 우리가 지금 치르고 있는 셈이다.

이 지역의 영주가 자연을 정복할 수 있다는 생각을 하기 시작한 것은 전국시대부터인 듯하다. 근대 이전에는 산사태를 '사붕(蛇崩)', '사락(蛇落)'이라 하여 큰 뱀이 나온 것에 비유했다.

1532년 봄 "야기 마을 아부산 나카사코라는 곳에 큰 뱀이 나와 길을 막았는데, 열다섯 명의 힘을 가진 가가와 가쓰오(香川勝雄)라는 무사가 이 뱀을 베어 퇴치했다."라고 야기 마을을 다스린 가가와 일족의 자손이 쓴『음덕 태평기(陰德太平記)』에 자랑스럽게 기록하고 있다.

히로시마번의 지지 『예번통지(藝藩通志)』에 따르면, 야기는 헤이안 시대 중기 『와묘쇼(倭名抄)』에 '야기(養我)'라 되어 있는 오래된 지명이다.

야기 마을 토지대장 「지부리장(地ぶり帳)」(1762)을 보면 조라쿠지(上樂寺)라는 곳이 있다. 이러한 이름의 절이 있다는 것에 자꾸 마음이 쓰이는 것은, 이곳에 있는 관음당을 '자라쿠치 관세음보살당(蛇落地觀世音菩薩堂)'이라 부를 뿐 아니라 근처에 '사왕지 대사영발 보살심묘탑(蛇王池大蛇靈發菩薩心妙塔)'이라 새겨진 비석이 서 있기 때문이다. 이 비석 자체는 세운 지 얼마 되지 않은 것이지만, 산사태를 일으키는 큰 뱀의 영혼에 제사를 올려 진정시키고 보살의 마음이 일게 해서 마을의 안녕을 빌었던 모습이 상상된다. 사왕지(蛇王池)는 가가와 가쓰오가 퇴치한 큰 뱀의 머리가 떨어진 곳이라고 한다.

조라쿠지(上樂寺)는 원래 '자라쿠치(蛇落地)'에서 온 이름일 가능성이 있는데 그것이 에도시대에 조라쿠지라는 좋은 느낌의 지명으로 바뀌었는지도 모른다. 『사토초사(佐東町史)』에는 오래전부터 이 지역에 전해오는 자라쿠치 관세음상(蛇落地觀世音像) 사진도 있는데, 한없이 자비로운 그 얼굴 표정을 바라보고 있자니 뭐라 표현하기 어려운 느낌이 전해져 왔다.

2. 해일을 피하는 에도의 지혜

에도를 환골탈태하게 한 태풍

2013년 11월, 30호 태풍으로 필리핀에서 해일 피해가 발생한 지 일주일 뒤에 나는 이메일 한 통을 받았다. 보낸 사람은 마쓰이(松井一明)라는 분이었는데 시즈오카현 후쿠로이시 역사문화관 학예원이라고 자신을 소개했다.

후쿠로이시에는 해일과 쓰나미 같은 자연재해를 입은 역사가 있다고 했다. 주민들은 스스로를 지키기 위해 오래전부터 대위제(大囲堤)라는 윤중 제방과 생명산(命山)이라는 피난용 언덕을 쌓아왔다고 한다.

11월 29일까지 쉬는 날 없이 '에도의 생명산과 자연재해의 역사'라는 특별전이 열린다는 것 등이 적혀 있었고, 전시 기간이 끝난 뒤에도 제방과 생명산 모형은 볼 수 있다고 하였다. 가 봐야겠다는 생각이 들었다.

해일과 쓰나미로부터 주민 스스로를 지키기 위해 구축한 생명산은 여러 곳에 있지만 그것을 주제로 한 전시회가 있다는 말은 들어본 적이 없었기 때문에 얼른 가보고 싶었다. 시즈오카 문화예술대학에서 역사학 강의를 마친 나는 자전거 페달을 있는 힘껏 밟아 가까운 JR하마마쓰 역으로 갔다. 도카이도선을 타고 15분쯤 후에 후쿠로이역에서 내려 택시로 역사문화관까지 갔다.

학예원인 마쓰이 씨를 찾으니 마침 시민들에게 전시회를 설명하고 있었는데, 시민들의 눈빛이 사뭇 진지했다. 선조들이 겪은 고난의 역사이자 앞으로 자신들의 생명과도 연관된 것이어서인지 질문이 계속 이어지고 있었다.

"에도시대에는 방조제 쌓을 흙을 현지에서 조달했나요?"
"네, 자연제방의 뼈대 위에 현지의 토사와 진흙을 섞어서 쌓아 올렸습니다. 방조제는 관리가 중요합니다."

마쓰이 씨는 해일에 관한 고문서에 대해 진지하게 알려 주었다. 이 지역에는 해일 피해가 끊이지 않았는데, 1680년 윤8월 6일 태풍으로 야기된 해일은 특히 격심했다고 한다.

당시의 태풍은 에도시대를 통틀어 가장 큰 규모였으며 에도에도 피해가 막심하였다. 『옥로총(玉露叢)』이라는 기록에 다음과 같은 기술이 있다.

(이 태풍으로) 에도 시가에서 쓰러진 집이 3,420채, 혼조(本所) 후카가와(深川) 등에서 발생한 익사자가 7백여 명에 침수된 미곡이 20만 석. 혼조·후카가와·고비키초(木挽町)·쓰키지(築地)·시바(芝) 쪽으로 해일이 밀고 올라갔다. 마루에서 1.2미터~1.5미터까지 물에 잠긴 곳도 있고 2.1미터~2.4미터 잠긴 곳도 있다.

마루에서 쟀을 때 2.4미터가 물에 잠겼으므로 지금의 도쿄에 해발 3미터가 넘는 해일이 밀려와서 후카가와(深川)에서부터 긴자(銀座)·쓰키지(築地), 시바(芝)까지 침수된 것을 알 수 있다. 도쿄 도심부 저지대는 쓰나미가 아니더라도 해일로 해발 3미터까지는 침수가 반복되었던 역사가 있음을 기억해야 할 것이다.

1680년 태풍은 에도의 분위기를 완전히 바꿔놓은 것이었다. 하이쿠 시인 마쓰오 바쇼(松尾芭蕉)는 그해 겨울, 익사자가 발생한 후카가와에 암자를 짓고 옮겨와 새로운 하이카이(俳諧) 문화를 구축했다.

후쿠로이시에도 3미터 가까운 해일이 밀고 올라와 저지대 주민과 가축을 삼켜버렸다. 이 사료가 그것이라며 보여 준 고문서가 『나가미조무라 개발 유서서(長溝村開發由緒書)』여서 나도 모르게 놀람을 감추지 못했다. 재해사에서 중요한 자료로서 『아사바 초사(淺羽町史) 자료편 2』에 전문이 해독되어 소개되어 있긴 하나 원문은 좀체 접하기 어려운 자료이다. 이 『유서서』는 '연보(延宝) 8년(1680)'이라 해야 할 것을 '관문(寬文) 8년'이라고 잘못 기록하고 있긴 하지만 여기에 기록된 해일의 참상은 상상을 초월하는 것이었다.

애처로운 고문서—해일에 휩쓸려간 자식

이 『나가미조무라 개발 유서서』만큼 애처로운 고문서는 지금껏 본 적이 없다. 그것은 시즈오카현 후쿠로이시 역사문화관 내에 유리로 된 상자 안에 들어 있었다. 좀먹은 흔적이 있는 그 사료는 나에게 이승의 고통에 대한 이야기를 풀어놓기 시작했다.

1680(延宝 8)년 윤8월 6일, 나가미조(長溝) 마을이 있는 아사바노쇼(淺羽庄)에 엄청난 해일이 밀려왔고, 『백성전기(百姓傳記)』에 따르면 남녀노소 3백

명의 목숨을 앗아갔다고 한다.

시즈오카현 서부 엔슈(遠州) 지방에서는 태풍으로 해일이 올 때 후지오로 시라는 강풍이 분다. 후지산에서 불어오는 북동풍이 점차 남풍으로 바뀌는데, 그 남풍에 떠밀린 큰 너울이 밀려와서 마을을 삼킨다. 그다음은 지옥을 방불케 하는데, 『유서서』는 다음과 같이 기록하고 있다.

집이 물에 휩쓸리며 사람들이 천장으로 올라갔는데 천장까지 바닷물이 차올라오자 지붕을 (낫 같은 것으로) 잘라 부수고 용마루로 올라갔다. 용마루를 붙잡고 떠내려가다가 갑자기 파도에 부딪혀 죽는 사람이 많았다.

숨이 끊어진 채 떠내려가다 교각에 걸린 사람이 마치 수초가 떠 있는 것 같았다.

수해가 났을 때는 천장을 부술 수 있는 도구가 있어야 한다는 것을 염두에 두는 것이 좋겠다.

영주 혼다 도시나가(本多利長)는 당시의 사망자를 "주민 가옥 6천여 호, 익사자 3백여 명"이라고 막부에 보고하였다(『常憲院殿御実記』). 그런데 『유서서』에는 "행방불명자와 사망자가 4, 5천 명이라는 소문"이라고 되어 있다.

아무튼 엄청난 피해였다. 당시 이 지역 사람들은 딸이 있어도 절대 바닷가 마을로는 시집보내지 말아야 한다고 했다고 한다. 높은 파도가 몰려오곤 하는 해안가 지역으로는 절대 딸을 시집보내지 않겠다는 의미다.

여기까지 읽어 내려가고 있는데 "지난번 해일이 지나간 뒤로 오륙십 년

이나 지났을 텐데, 비참한 이야기를 들었기에 써 둔다."라는 구절이 눈에 띄었다.

고구치 이치바(小口市場) 마을 이장 기베에(喜兵衛)라는 사람이 옆집 가게에 앉아 있었는데 백발의 노인이 다가오더니 옆에 앉았다. 오며가며 그 가게에 놀러와 있던 손님이 오래전에 겪은 해일 이야기를 하는데, 가만히 듣고 있던 그 노인이 끝내 눈물을 뚝뚝 흘리며 입을 열었다.

여러분의 이야기를 듣다 보니 나도 모르게 눈물이 나고 말았소이다. 그 해일이 왔을 때 나는 한창때였고 어린 아들이 하나 있었소. 아들을 등에 업은 채 높은 파도에 휩쓸리며 그야말로 죽음의 문턱을 넘나들며 물살 속에서 허우적댔다오.

용소원(龍巢院)의 산 근처까지 헤엄쳐가는 사이에 기력이 다해 물에 빠져 죽을 지경이 되자 '아이를 업은 상태로는 이 큰 파도를 빠져나가지 못하고 둘 다 죽고 말겠다. 어떻게든 하나는 살아남아서 조상의 맥을 이어야 한다.'라는 생각으로 등에 업은 아들을 떨쳐내 물속에 버리려 하니 (눈치를 챈) 아이가 울면서 매달리는 것을 다시 떼어내려 하니 소리 높여 울며 달라붙는 것이었소.

그사이 갈수록 힘이 빠지고 버티기가 힘들어지기에 마음을 독하게 먹고 아이를 떼어내서 일부러 물속으로 밀어 넣고 내 목숨만 간신히 건져 지금까지 살아왔다오.

세월이 흘러 백발노인이 되었어도 그때 일은 한시도 잊어 본 적이 없소. 여러분의 이야기를 듣고 있자니 그래서 나도 모르게 눈물을 보이게 된 것이라오.

『유서서』에서는 이 노인의 이야기를 오노무라(大野村) 사람의 사연으로 전하고 있다.

번을 날려 보낸 태풍

이 태풍이 빌미가 되어 다이묘가 영지를 몰수당하는 사태에까지 이르기도 했다. 시즈오카현 후쿠로이시 아사바쇼 일대를 덮친 1680년 8월의 태풍과 해일은 번(藩)까지도 휩쓸고 갔다.

아사바쇼는 전국시대 이전에도 해일이 밀려왔던 곳이다. 『백성전기』라는 책에는 "오래 전 영록(永祿) 연간(1558~1570)에 쓰나미가 왔을 때에도 요코스가(横須賀)성 동쪽 여러 고을과 남쪽 고을들⋯⋯ 바닷가 가까운 곳에 8월 남풍이 불어 높은 파도가 3개 밀려와 남녀노소 1천여 명이 물에 빠져 죽었다. 북서쪽 산기슭으로 (사체가) 밀려 올라와서 주민들이 무덤을 파고 묻어준 것이 지금도 있다."라고 기록되어 있다.

에도시대 초기에 막부의 관리 이나(伊奈) 비젠 수령이 "아사바 제방 안으로 물이 들어오지 않도록" 강의 흐름을 바꾸어 천연 사구제방을 이용한 방조제도 쌓았다(『나가미조무라 개발 유서서』).

그런데 1680년 8월 태풍이 몰고 온 해일이 이 방조제를 넘어서 아사바쇼 옆에 있는 요코스가성 안에까지 바닷물이 들어왔다. 성주는 에치젠(越前) 수령 혼다 도시나가(本田利長)였는데, 이 다이묘가 해일 피해에 대한 대처를 잘못하는 바람에 파멸해 가는 과정이 『횡수하근원력대명람(横須賀根元曆代明

鑑)』이라는 기록물에 상세하게 묘사되어 있고 시즈오카시에 있는 현립 역사문화정보센터에 가면 그 영인본을 볼 수 있다.

자료를 보러 가기 위해 신칸센을 탔다. 역시 매력적인 사료였다. 에도시대 후기의 기술이므로 내용 전체를 신뢰할 수는 없으나, 요코스가성이 해일 피해를 본 모습은 상세히 기록되어 있다.

큰 파도가 밀려와 성 밖 기둥 2.7미터가 잠기고 수많은 소와 말이 빠져 죽었다. 성안으로 고깃배가 흘러들어 왔다.

성안에서도 3미터 가까이 침수되었다고 하니 엄청나다. 해일로 넓은 모래벌판으로 바뀌어 버린 영지를 앞에 두고 망연자실한 영주 혼다는 이래서는 안 되겠다 싶어 자신의 영지 아사바쇼 전체를 둘러쌀 방조제 건설에 착수한다. 피해를 본 지 넉 달 뒤인 이듬해 1월부터 토목공사를 시작하였고 방조제는 높이 약 5.5미터, 총길이가 14킬로미터였다.

비극은 여기에서 시작된다. 영주 혼다는 이 공사를 위해 농민들을 가혹하게 징발한 것이다. 방조제를 건설하려면 연인원 "5만 명 이상이 있어야 했는데, 이 인원을 혼다 영지 내 여러 고을과 성 밖에 거주하는 주민들까지 징발하여 (피해 농민들에게) 식량도 주지 않고 강행하였다."

원래 영지 내 주민을 지키는 것이 목적인 방조제를 혼다는 굶주리는 주민들에게 보수도 안 주고 강제로 동원하여 쌓은 것이다. 농민들은 해일로 집을 잃고 먹을 것도 잃은 데다 논밭은 소금기에 젖어 수확도 못하는 비참한 상황에 빠지게 되었다. 이와 같이 피해가 극심한 경우에는 대개 영주가 매년 바치는 세금을 깎아 준다. 영지 내의 주민들이 타향으로 빠져나갈 우려가 있기 때문이다.

그런데 혼다는 믿기 힘든 명령을 내린다. 세금을 총 수확의 6퍼센트로 인상한 것이다. 현장에 있던 지방 관리가 반대했으나 증세를 강행했다. "모두가 할 말을 잃고 뒷걸음질했다."라고 되어 있다. 혼다는 영주의 권한으로 영지 주민을 감시하는 병사에게 순회하도록 하여 세금을 독촉하였고 세금을 못 내는 농민을 탄압했다.

> (농민의) 아내를 논 가운데 둘러친 대나무 울타리(감옥)에 가두고 12월 말까지 밤낮으로 물속에 있게 했다. 남자는 벌거벗긴 채로 묶어서 추위 속에 물을 뒤집어씌워서 얼어 죽게 한 마을도 있었다.

급기야 막부가 나서기에 이르러서 해일이 있은 지 2년 뒤 혼다는 막부의 징계를 받아 요코스가 5만 석을 몰수당하고, 나중에 야마가타(山形)현 데와무라야마(出羽村山) 1만 석에 봉해졌다.

350년을 이어 내려 온 '생명산'

시즈오카현 가케가와(掛川)시 오부치(大渕)에 음양사 아베노 세이메이(安倍晴明)가 주술을 써서 쓰나미를 막았다는 세이메이총이라는 둔덕이 있다는 이야기를 듣게 되었다. 얼른 가보고 싶은 마음에 "그래도 아침 식사는 하고 가라."라는 아내의 말을 귓전으로 흘려버리고 집을 뛰쳐나갔다.

해일이 지나가고 난 뒤에 악정을 펼쳤다고 하여 영지를 몰수당하기는 했으나 영주 혼다 도시나가는 방조제 공사와 같은 좋은 일도 했다. 『백성전기』에 "(과거에 있었던) 해일의 높이를 계측하여 1661~1673년 사이에 혼다 영주님이 바닷가 마을에 언덕을 쌓아서 마을 사람들은 안심하고 살았다."라고 되어 있다. 이 언덕을 '생명산'이라고도 한다. 쓰나미나 해일이 왔을 때 저지대 주민들이 피신할 수 있게 한 피난용 흙 언덕이다.

이 생명산이 지금도 남아 있다. 후쿠로이시 나카신덴(中新田)에 있는 생명산은 높이가 5미터이고 오노(大野)의 생명산은 3.5미터이다. 쓰나미 방조제와 피난 탑은 지금도 지방자치단체가 관리하고 있는데, 후쿠로이에서는 350년 전부터 공권력을 써서 정비했던 것이다.

음양사가 쓰나미를 막았다는 언덕으로 향하는 길에 생명산도 보고 싶었다. 나는 아내가 건네준 사과 한 조각을 입에 물고 하마마쓰(浜松)역 버스터미널 8번 승강구로 걸음을 재촉했다. 두 시간 간격으로 출발하는 요코스가행 버스를 탈 수 있었다.

얼마 안 가 차창 밖으로 진언종 두타사가 보였다. 이곳은 도요토미 히데요시가 열다섯 살부터 열일곱 살 때까지 지낸 곳이라고 한다. 순간적으로 버스에서 내리고 싶은 충동이 일었으나 참았다.

버스는 바다에서 1.5킬로미터 떨어진 저지대를 달리고 있었다. 쓰나미 경고가 있는 지역이라서 쓰나미 피난 탑이 군데군데 눈에 띈다. 후쿠로이시 미나토(湊)라는 곳에 도착하여 '헤이세이(平成) 생명산'이라는 간판을 보고 깜짝 놀랐다. 높이 8미터(해발 10미터)쯤 되는 흙으로 쌓은 산이 새로 만들어져 있었던 것이다. 버스 운전사에게 물었다.

"저게 생명산인가요?"
"네, 그렇습니다. 이제 다 완공되었지요."

정상부는 1,300제곱미터이고 사업비는 약 1억 5천만 엔이 들어갔다고 한다. 원래는 생명산을 높이 10미터(해발 12미터)로 조성할 계획이었으나 지자체가 쓰나미로 생명산 인근에 물이 차는 깊이를 1~2미터로 추정하여 높이를 2미터 줄여서 해발 10미터 높이의 산을 만든 것이라 한다. 국가와 현에서는 후쿠로이시에 최대 11.4미터 높이의 쓰나미가 오는 것으로 보고 있다.

이 생명산의 높이를 결정하기까지 많은 논의가 있었던 모양이다. 2004년 수마트라만 지진 때 반다 아체라는 평야 도시에 12미터 높이의 대형 쓰나미가 왔는데, 헤이세이 생명산과 똑같은 내륙 1.5킬로미터 지점에서는 해발 7.5미터까지 물이 차올랐을 것으로 추정되고 있다(都司嘉宣 외, 『Journal of Disaster Research』 1호).

이 생명산의 높이는 해발 10미터이다. 쓰나미 때 침수되는 깊이는 바닷가 사구의 높이와 견고성, 파도의 주기와 횟수 등 여러 요인에 따라 달라지기 때문에 예측하기가 어렵다. 주민들 간에 높이가 조금 더 높았으면 좋겠다는 요구가 있는 것도 이해가 간다.

쓰나미를 예상하는 것이 전문가에게도 어려운 것이라면 주민들 말대로 생명산은 지나치게 높다 할 정도가 적당하다. 추정은 어디까지나 추정일 뿐이고, 원전 사고에서 보듯이 추정을 초월하는 것도 있는 것이다. 나는 추정보다도 실제로 일어난 사실을 중시하기 때문에 조심하는 것은 아무리 해도 지나치지 않다고 생각한다.

음양사 아베 하루아키가 쓰나미를 가두었다는 무덤

후쿠로이에서 생명산을 돌아보고 나서 가까운 가케가와시로 발길을 옮겼다. 음양사가 쓰나미를 가두었다는 무덤에 가 보고 싶었다. '음양사 아베 하루아키(安倍晴明)가 쓰나미를 가둔 마법의 무덤'의 존재를 내가 알게 된 것은 『도토미 고적 도회(遠江古蹟図繪)』를 본 것이 계기가 되었다.

이 문헌은 1803년 시즈오카현 가케가와(掛川)성 아래에 살던 갈포상 효도 쇼에몬(兵藤庄右衛門)이 5년에 걸쳐 그 지역의 사적과 전설 등을 실제로 답사하고 삽화를 곁들여 기록한 것이다. 그 안에 '하루아키 무덤(晴明塚)'이라 하여 다음과 같은 기술이 있다.

> 후지쓰카 마을이라는 곳에 하루아키의 무덤이 있는데 엔슈(遠州) 7대 불가사의 가운데 하나이다.
> 오래전 아베 하루아키가 와서 점을 쳐보고 "머지않아 이 마을에 쓰나미가 와서 민가가 떠내려가고 물에 빠져 죽는 사람이 많이 나오리라."라고 하며 탄식했다.

마을 사람들이 놀라 "그 물난리를 피할 방법이 있는가?"라고 물었다. 그
러자 하루아키는 "이 바닷가에 무덤을 쌓으면 된다."라고 하며 붉은색 돌을
모아다가 산 모양으로 쌓아 올렸다. 그리고 "이 무덤 안쪽으로는 파도가 넘
어오지 않을 것이다."라고 했다. 과연 그다음날 대형 쓰나미가 밀려와서 바
닷가에 있던 민가가 모두 침수되었는데, 후지쓰카 마을만 남고 다른 마을
은 한 채도 남지 않았다. 기이한 일이었다.

이 산은 높이가 3.6미터 남짓인데, 바닥에 돌이 깔려 있다. 아이들이 무
덤 위에 올라가 놀아서 흙이나 돌이 아래로 떨어져도 하룻밤 지나면 다시
원래 상태로 돌아간다고 한다. 또 무덤의 붉은 돌을 가져간 사람에게는 가
차 없이 벌이 내려 미쳐버리기 때문에 모두가 두려워한다.

말도 안 되는 이야기라는 생각을 하면서 나는 버스가 종점 엔테쓰 버스
요코스가 차고에 도착한 뒤 하루아키 무덤을 찾아 나섰다. 택시 기사가 잘
알고 있으리라 생각하고 기사가 두 명밖에 없다는 엔테쓰 택시 오스가(大須
賀) 영업소로 들어갔다. 태어나서 처음으로 나는 기묘한 행선지를 주문했다.

"저기, 음양사가 주력으로 쓰나미를 막았다는 무덤에 가고 싶은데요."

기사는 잠시 멍한 표정을 짓더니 조금 있다가 "아, 그런 게 있지요."라고
했다. 하루아키 무덤을 아는 것 같았다. 나를 태우고 달리기 시작한 택시는
요금이 1천 엔을 넘어간 곳에서 멈췄다.

"여깁니다."

이 덤불 너머에 하루아키 무덤이 있다는 것이다. 기대하지도 않았는데

기사가 차에서 내려 따라와 주었다. 바다 가까운 사구 한쪽에 그것이 있었다. 팥 색깔을 띤 붉은 돌을 켜켜이 쌓아 만든 무덤인데 묘한 분위기가 감돌았다.

지금은 이 붉은 돌을 가져가도 아무렇지도 않은 모양이었다. 오히려 가져가는 습속이 생겼다고 기사가 알려 주었다.

    "교통사고가 안 나게 지켜준다면서 붉은 돌을 가져갑니다. 우리 영업소에도 붉은 돌을 모셔 놓고 아침마다 모자를 벗고 절을 하고 나서 돌을 쓰다듬은 손으로 운전대를 잡는 사람이 있지요. 본사 입구에도 있더군요."

쓰나미를 막는 무덤의 주술력을 믿는 믿음은 지금도 남아 있었다. 무덤 주위를 주의 깊게 살피던 나는 놀랐다. 무덤 옆 사구가 이 일대에서 해발고도가 가장 높아 보였던 것이다. 서둘러 집으로 돌아와 국토교통성의 인터넷 지도에서 측정해 보니 하루아키 무덤 남쪽 사구는 해발 14.5미터로 그 일대에서 가장 높은 곳이었다. 이상하다는 생각이 들었다.

가케가와시에서 추정하는 최대 쓰나미는 14미터이다. 이 정도 규모의 쓰나미가 오면 하루아키 무덤 남쪽만 섬처럼 쏙 떠 있는 모양새일 것이다. 음양사의 무덤은 과거 쓰나미에 잠기지 않았던 점과 같은 장소를 나타내는 붉은 표시가 아니었을까 하는 생각이 머릿속을 스쳐갔다.

과거의 일이 아닌 대도시 해일 피해

앞에서도 언급한 것처럼 2013년 11월 8일 필리핀에서 맹위를 떨친 30호 태풍으로 사망자와 행방불명자가 5천 명을 넘었다. 미군의 관측에 따르면 이 태풍의 최대 풍속은 초당 87.5미터, 순간 최대 풍속이 105미터였고, 필리핀을 휩쓸고 갈 때의 중심 기압은 무려 895헥토파스칼이었다.

지구상 기압 평균인 1기압이 1,013헥토파스칼이므로 초저기압이었던 셈이다. 미국에서는 1분간 평균 최대 풍속이 67미터를 넘는 태풍을 슈퍼 태풍이라고 부르고 있으니 그야말로 상상의 범위를 초월하는 태풍이었다.

저기압은 바닷물을 빨아올려서 조수의 수위를 상승하게 한다. 기압이 1헥토파스칼 내려가면 해수면이 약 1센티미터 올라간다. 또한 태풍의 빠른 풍속이 바닷물을 밀어붙여서 해수면이 올라가게 하는데, 풍속의 제곱에 비례하여 해수면이 올라간다. 지금까지 기상청이 보통 강도라고 간주해 온 태풍의 최대 풍속이 30미터 정도인데, 30호 태풍은 최대 풍속을 1분 평균으로 산출하는 미국식으로 관측할 때 87.5미터를 기록했다. 10분 평균으로 최대 풍속을 측정하는 일본식으로 하면 65미터 강풍이었다. 풍속이 보통 태풍의 2.17배이므로 해수면을 상승하게 하는 힘은 이론적으로 5배 가까이 되었을 가능성이 있다.

레이테 만 [Leyte Gulf, 필리핀 중부 비사야(Visayas) 제도의 태평양 쪽에 있는 레이테 섬 동쪽에 위치하며 태평양의 필리핀해에 면한 만-역자] 깊숙한 곳에 있는 타클로반 (Tacloban)시에서는 해일의 높이가 5미터에 달하여 많은 희생자가 났다. 이러한 해일이 열대 지방에만 있는 특수한 것이라고 생각하면 안 된다. 역사를 돌아보면 일본의 대도시에서도 상당한 해일이 발생한 적이 있다.

1917년 10월 1일, 도쿄에 최저 기압 953헥토파스칼, 최대 풍속 40미터급 태풍이 왔다. 도쿄만의 조수위가 삽시간에 해발 3.1미터까지 상승하면서 바닷물이 시가지로 넘쳐 들어와 약 500명이 익사했다. 현대인들 대다수가 잊고 있지만, 쓰키지(築地)는 물론이고 지금의 긴자와 가부키좌 부근까지 침수되었다.

오사카도 해일 피해를 보았다. 1934년 9월 무로도(室戸) 태풍은 육지에 도달할 당시 중심 기압이 911헥토파스칼인 초대형 태풍이었다. 42미터급 강풍을 동반하여 오사카만 조수위가 해발 3.2미터까지 올라가면서 오사카 시가의 저지대에 바닷물이 차올랐다. 당시 해일과 비를 동반한 강풍으로 오사카부에서만 약 1,900명, 전국적으로는 3,000명의 사망자와 행방불명자가 발생하였다.

나고야는 유명한 1959년 9월의 이세(伊勢)만 태풍으로 인한 해일로 큰 피해를 보았다. 이세만 태풍으로 인한 사망자와 행방불명자는 5,098명이었다. 이세만 태풍은 상륙 당시의 중심 기압이 929헥토파스칼, 최대 풍속 75미터라는 무서운 속도로 나고야를 향했다. 나고야항의 조수위는 관측 사상 최대인 해발 3.89미터까지 상승하여 나고야의 해발 0미터 지대에서 침수 깊이는 5미터에 이르렀고, 나고야항에 있던 목재가 떠다니는 바람에 주택과 사람, 그리고 가축에 미친 피해가 더 커졌다.

이세만 태풍 이후, 방조제 정비 예산을 증액하기도 한 결과 해일 피해는 줄어들었다. 그러나 해일 피해가 과거에 있었던 일만은 아니다. 기상 시뮬레이션 전문가인 나고야대학 쓰보키 가즈히사(坪木和久) 교수는 지구 온난화를 고려하면 60년 뒤에는 지금보다 네 배 많은 슈퍼 태풍이 일본에 상륙할 가능성이 있다고 경고한다.

긴 시간대를 시야에 넣어서 보면 해일은 믿기지 않을 정도의 높이로 대도시를 덮쳐왔다. 대도시의 0미터 지대에는 해일에 대한 대비책이 절실하다. 지하철의 수방 대책도 철저히 해야 한다. 쓰나미와 달리 해일이 오는 것은 여러 날 전에 알 수 있다. 슈퍼 태풍이 올 기미가 보이면 저지대의 노인과 어린이들을 신속히 높은 지대로 이동시킬 태세와 피난 계획을 마련해야 한다.

제4장 재해로 바뀐 막부 말기의 역사

1. '군사 대국' 사가번을 태동하게 한 시볼트 태풍

사가현을 덮친 태풍

방재사를 연구하다 보면 가끔 이상한 전화 통화를 하게 될 때가 있는데, 사가(佐賀)현 오기(小城)시 관광협회에 전화를 걸 때가 그랬다.

> "여보세요? 죄송하지만 전에 오기시 우시즈초(牛津町)에 있었던 노다(野田)가라는 상점의 정확한 위치를 알고 싶어서 그러는데요."

유명한 오기 양갱 상점을 묻는 전화에 익숙해져 있을 것 같은 담당자가 "예에?"하며 당황하는 듯하더니, 친절하게도 자기 일처럼 알아보고 나서 전화를 걸어 왔다.

"네, 노다가는 번지로 말씀드리자면 우시즈초 우시즈 1000-6이고, 마쓰에 철공소 북쪽인데 지금은 공터가 되어 있습니다."

취재를 위해 이러한 전화를 한 이유가 있었다. 2014년 3월 1일, 나는 사가시에서 『무사의 가계부』 저자가 이야기하는 가가(加賀)와 사가'라는 강연을 하였다.

막부 말기 역사에서 대조적인 것은 가가의 마에다(前田)가와 사가의 나베시마(鍋島)가이다. 사가는 당시 강력한 군사력을 갖춘 번으로서 암스트롱 포 같은 최신식 화력으로 무장하고 무진전쟁[戊辰戰爭, 1868~1869년에 왕정복고를 거쳐 메이지 신정부를 수립한 사쓰마(薩摩)·초슈(長州)·도사(土佐) 번을 중심으로 한 신정부군과 구막부군 및 반유신 동맹이 부딪친 일본의 내전. 무진전쟁이라는 명칭이 붙여진 것은 전쟁이 발발한 1868년의 간지가 무진이기 때문이다.-역자]에 참전하였다. 파병 병력은 사쓰마보다 훨씬 많은 6천 명 이상으로 압도적이었다. 유신 시대 전반전은 사쓰마와 초슈가 주도하였으나 전국을 평정해야 하는 후반전에는 사가가 힘을 발휘하게 되었다.

이와 대조적인 것이 내가 『무사의 가계부』에서 분석한 문화 대국 가가이다. 가가와 사가를 비교해 가며 막부 말기 유신사를 엮어 내려간 강연은 다행스럽게도 정원 3백 명인 객석을 가득 채우고 잘 마무리되었다. 강연이 끝나고 질문이 있었다.

"『대비하는 역사학』을 매주 읽고 있습니다. 저희 사가 현민들이 역사에서 교훈을 얻어 주의해야 할 재해는 어떤 것일까요?"

나는 즉석에서 대답했다.

"사가현으로서는 지진이나 쓰나미보다도 태풍이 불 때의 해일이 더 무섭습니다. 네, 다음번에는 사가에 몰아닥친 해일 재해에 대해 써 보겠습니다."

모종의 공포스러운 태풍이 내 뇌리에 자리 잡고 있었다. 기록상으로 가장 비참한 태풍 피해는 1828년 음력 8월 9일~10일에 사가에서 일어났다. 고문서에는 '자년(子年) 태풍'이라 되어 있다. 당시 나가사키에 있었던 시볼트가 이 대형 태풍을 기압계로 관측했기에 오늘날 시볼트 태풍이라고 불린다.

사가번에서 발생한 많은 사망자 수를 보면 이 태풍이 보통이 아니었다는 것을 알 수 있다. 당시 사가번의 인구는 36만 7천 명가량이었다(城島正祥, 「사가번의 인구통계」, 『사학잡지』 82~89). 그런데 이 태풍 때 사가번에서 발생한 사망자 수가 1만 285명으로(「宝暦現來集」), 사가번 인구의 2.8퍼센트가 목숨을 잃은 것이었다.

만 내부의 아리아케(有明)해에 닿아 있는 사가는 지대가 낮다. 사가 사람들의 얼굴을 바라보며 나는 한 번에 번 전체 인구의 3퍼센트 가까운 목숨을 앗아간 태풍 피해가 도대체 어떠한 것이었는지 조사해 보아야겠다는 생각을 하였다.

도쿄의 도서관에 가서 사가에서 기록된 에도시대의 일기 등을 찾아보는

중에 이 태풍 때의 해일로 침수된 깊이를 짐작할 수 있게 하는 자료를 발견했는데, 그 가운데 하나가 오기시의 『노다가 일기(野田家日記)』였다. 사가 평야에서 일어난 피해에 관한 일반론일 수도 있겠으나, 이 일기에는 "이 태풍으로 큰 파도가 방바닥까지 올라왔다."라고 기록되어 있다.

그래서 에도시대에 사가에 밀려온 사상 최대의 해일 피해를 알아보기 위해 방바닥까지 바닷물이 들어왔다는 노다가의 정확한 위치와 해발고도를 알고 싶어서 오기시 관광협회에 전화를 걸었던 것이다.

알려 준 노다가의 해발고도는 4미터였다. 당시 민가의 방바닥 높이는 평균 70센티미터였다. 해발 4.7미터까지 바닷물이 들어왔다는 것이 사실일까 생각하면서 또 하나의 고문서를 찾아보았다.

5미터가 넘는 사상 최악 해일

사가 평야는 지대가 낮다. 기압이 낮은 초대형 태풍은 바닷물을 빨아올려 해수면을 올라가게 한 뒤에 육지로 바닷물을 뿜어냈고, 순식간에 수위가 올라가는 바람에 사가 평야 남부가 바닷물 아래로 잠겨버렸다. 잠긴 범위는 얼마나 되며 이 초대형 태풍 때 사가의 아리아케 해수면은 평상시보다 얼마나 높았기에 제방을 넘어왔는지 궁금해졌다.

시볼트 태풍의 해일에 대해서는 기상청 고니시 다쓰오(小西達男) 씨의 「1828년 시볼트 태풍과 해일」이라는 논문이 있다. 규슈 북부 일대와 초후(長府)번(야마구치현 시모노세키시)까지 피해가 미쳐 1만 9,113명이 사망했다. 시볼트 기압계로 관측한 결과 등을 바탕으로 이 태풍 규모를 추정해 보면 중심 기압 935헥토파스칼, 최대 평균 풍속 55미터, 육지에 올라오기 전후의 시속은 55킬로였다고 한다.

속도가 빠를 뿐 아니라 강력하기도 한 이 괴물 같은 태풍이 만조 때의 아리아케해를 직격하였다. 고니시 씨가 추정한 높이는 사가현 치쿠고가와(筑後川) 하구 근처에서는 4.5미터가 넘었고 스오나다(周防灘)에서도 4미터, 하카타(博多)만에서도 3.5미터가 넘었으며 후쿠오카현 오카와(大川)시 와카쓰(若津)항에서는 바닷물 높이가 평균 수면보다 6.3미터 높은 것으로 나타났다고 한다.

시볼트 태풍의 해일은 근대 기상관측 역사상 가장 높은 것으로 알려진 이세만 태풍 때의 3.89미터를 훨씬 넘는 규모의 해일이다. 그것이 사실일까 하는 생각이 들었으나 내 눈으로 직접 고문서를 확인하고 보니 고니시 씨가 추정한 해일의 높이가 과장이 아니라는 확신이 생겼다.

내가 주목한 것은 오사카 상인이 기록해 둔 「전대미문 실록기」(『세상의 이모저모』 수록)라는 자료이다. 사업상 사가성 밖 마을에 와 있던 오사카 상인이 전대미문의 태풍과 해일 피해의 자초지종을 기록한 것이다. 내용 가운데 해일에 침수된 깊이를 수치로 명확하게 적어 놓은 곳이 몇 군데 있다. 예를 들면, 현재의 사가대학 근처인 사가성 밖 혼조마치(本庄町)에 머무르고 있던 이 상인은 다음과 같이 기록하고 있다.

바람이 거세지면서 남서쪽으로 돌아서 불어 닥치고 먼바다에서 쓰나미가 발생했는지 강에 홍수가 나서 강변도로에 두 자(60센티)가량 물이 차올라 피할 곳도 없었다.

현재 그곳은 바다로부터 약 4킬로미터 떨어진 해발 3.5미터 지점이다. 해일이 올라오는 바람에 흐름이 막힌 강물이 사가성 밖으로 넘쳐흘러서 60센티미터가 침수되었음을 알 수 있다. 또 다음과 같은 기록도 보인다.

모로도미(諸富)라는 곳은 큰 배가 들어오는 항구이다. 여기도 바닷물이 제방 위로 넘어와 쓸려간 집이 있다. 모든 집들이 방바닥보다 석 자(90센티미터)가량 높게 바닷물이 차올랐다.

사가시 모로도미초 옛 마을의 해발 고도는 3.8미터가량이다. 높이가 약 70센티미터인 방바닥 위로 90센티미터까지 바닷물이 들어찼다면 해발 5.4미터까지 바닷물이 올라온 셈이다.

모로도미보다 바다에 더 가까운 오노시마(大野島, 후쿠오카현 오카와시 오노시마)에서는 "해일로 쓰나미가 발생했습니다. 바닷물이 이 제방 위 여덟 자(2.4미터) 정도나 넘어 올라갔습니다."라 되어 있다. 제방으로 둘러싸여 있던 옛 마을은 높은 곳이라 해도 해발 3미터가 채 못 되므로 에도시대의 제방이라면 이와 같거나 더 높았을 것이다.

3미터+2.4미터=5.4미터로 사상 최악이었던 이 태풍이 일으킨 해일이 아리아케 해 연안에서 5미터를 넘었다는 것은 틀림없어 보인다. 고문서를 읽고 있는 내 손이 두려움으로 떨렸다.

대형 태풍이 가져온 영주 교체

자연재해가 일본 역사에 끼친 영향은 말할 수 없이 크다. 막부 말기에 사가번이 일본에서 가장 높은 수준의 과학기술을 보유하여 최강의 군사력을 갖추게 된 것에 대한 학계의 통설은 1808년 페이튼(phaeton)호 사건이 계기가 된 것으로 알려져 있으나, 실제로는 태풍의 영향도 있었다.

사가번은 후쿠오카번과 번갈아 가며 유럽 선박으로부터 나가사키를 지키는 임무를 맡고 있었다. 도쿠가와 막부 3대 쇼군 이에미쓰(家光) 시대에 무역에서 배제된 포르투갈이 보복 공격을 해 올 것을 예상한 막부의 명에 따른 것이었다. 다른 다이묘들은 에도에 1년씩 머물렀으나 나가사키를 경비하는 사가와 후쿠오카번은 막부로부터 에도에 머무는 기간을 감경받아 100일 동안만 머물게 되었다. 그래서 이들 두 다이묘는 '백일 다이묘'라고 불리고 있었다(毛利敏彦, 『막부 말 유신과 사가번』).

사가번이 나가사키에서 외국 선박과 실제로 싸울 수밖에 없는 상황이 된 것이 페이튼호 사건이었다. 1808년 음력 8월 15일, 영국 군함 페이튼호가 불시에 나가사키항에 침입하여 데지마(出島)에 있는 네덜란드 상관원을 인질로 잡았다.

평온한 시절이었기 때문에 사가번은 경비 인력을 줄인 상태인 데다 휴일이어서 경비병 대다수가 사가에 나가 있었다. 일본은 제대로 대항도 못했고, 영국 군함은 물과 식량을 인질과 교환할 것을 요구했다. 해군력을 앞세워 윽박지르는 바람에 일본은 어쩔 수 없이 요구에 응하였고 필요한 물자를 확보한 영국 군함은 유유히 떠나갔다.

사가번의 체면은 말이 아니었다. 당시의 영주 나베시마 나리나오(鍋島齊直)는 막부로부터 100일간 근신 처분을 받고 세상에서 수모를 당하였다. 상황이 이렇게 되자 사가번에서는 서양 군함에 대응하는 방안을 진지하게 논의하기 시작했다.

막부 말기 유신 시대의 정보사에 밝은 메이카이(明海)대학 이와시타 데쓰노리(岩下哲典) 교수에 따르면 사가번에서는 '버리는 병사(捨て足軽)'라는 무시무시한 작전을 검토했다고 한다. 병사가 몸에 화약을 달고 적국 선박에 올라가 자폭하는 것이다. 오늘날도 서양의 군사력을 향해 자폭 공격을 감행하는 안타까운 사건이 끊이지 않는데, 인류 역사상 이것을 처음으로 계획한 것은 사가번일 것이다.

이렇듯 페이튼호 사건이 사가번을 변모하게 하는 계기가 된 것은 틀림없으나 그것이 전부는 아니고 자연재해의 영향도 있었다. 농경사회였던 전근대의 역사를 분석할 때는 자연의 영향을 과소평가하지 말아야 한다. 사가 영주 나리나오는 페이튼호 사건이 일어난 후에도 20년 이상 사가번을 다스렸으나, 1828년 사상 최악의 초대형 태풍 시볼트에 영지가 직격탄을 맞은 뒤에는 퇴진하게 된 것이었다.

이 태풍으로 사가번 전체 인구의 2.8퍼센트가 사망했다. "히젠(肥前)도 쓰나미로 절반이 무너졌습니다."(『보력현래집(宝暦現来集)』)라고 한 것처럼 낮은 지대의 습지가 많은 사가번은 경작지 절반이 폐허가 되었다. 재정의 반 가까이를 빚으로 버티던 사가번은 이로써 그야말로 막다른 상황에 다다르게 된다.

나리나오는 많은 첩과 46명에 이르는 자녀들을 둔 데다 낭비벽도 있었기 때문에 번의 재건을 위해서는 그가 퇴진하는 것이 불가피했다. 뒤를 이어 등장한 새로운 영주는 만 15세의 나베시마 나리마사(鍋島齊正, 후일의 나오마사(直正)]였다. 초대형 태풍을 정면으로 맞은 것이 직접적인 계기가 되어 사가번의 변신이 시작된 것이었다.

소년 영주의 재정 재건

일본 역사상 최악의 태풍 시볼트의 피해를 본 사가번은 1830년, 만 15세의 새로운 영주 나베시마 나리마사를 옹립하여 번의 재건을 시작했으나 쉽지는 않았다. 당시 사가번에는 가옥이 8만여 채(「전대미문실록기」) 있었는데 그 가운데 약 3만 5천 채가 전파되고, 약 2만 채가 반파되었다(「宝曆現來集」).

영지 내 가옥 전체의 절반 가까이가 완전히 부서졌고, 반파된 것까지 포함하면 약 70퍼센트가 못 쓰게 되었다. 작물 피해도 엄청나서 막부가 공인한 사가번 수확량 35만 7천 석의 약 90퍼센트에 해당하는 31만 석 정도가 피해를 본 상태여서 그때까지 산더미처럼 쌓인 빚을 갚을 엄두도 못 내고 번의 재정은 파탄 상태가 되었다.

소년 영주 나리마사가 처음으로 자신의 영지로 들어가기 위해 에도를 출발하려던 차에 그 사건이 일어났다. 아침에 화려하게 다이묘 행차를 차리고 에도를 떠나 시나가와 역참에 도착했으나 거기서부터는 한 발자국도 앞으로 나아가지 못하는 것이었다. 점심 식사는 일찌감치 마쳤고 처음으로 영지를 밟는 것이라 가슴이 벅차올랐다.

젊은 나리마사는 얼른 출발하라고 여러 차례 독촉해 보았지만 석양이 드리워지는데도 행차는 움직이지 않는다. 어찌 된 일이냐고 다그쳐 묻자 측근이 이실직고했다.

"에도에서 살림하는 예산이 바닥나서 호위 무사들에게 준비금을 주지 못하였습니다. 일상 용품을 외상으로 대 주던 상인들이 나으리께서 출발하신다는 말을 듣고 모두들 대금을 청구하러 몰려와서 호위 무사들에게 돈을 갚으라고 난리를 피우는 바람에 발이 묶여서 출발이 늦어지고 있습니다."

굳은 얼굴로 탄식하며 말하는 나리마사의 눈에서 눈물이 그치지 않았다.

"재정난이라는 말은 들었어도 이 정도로 심각할 줄은 몰랐다. 한 영지의 수령으로서 영을 받들어 부임하는 마당에 상인들에게 일상 용품 대금조차 지불하지 못하여 하루를 허비하고 말았다. 아아, 재정이 이렇게까지 어려워 졌는가?"(『나베시마 마사나오공전』 제2편).

그러나 곤경에 처하면 궁리도 하고 각오도 새롭게 하여 행동하기도 한다. 나리마사는 유학자 고가 고쿠도(古賀穀堂)와 친족 나베시마 시게요시(鍋島茂義)를 핵심 측근으로 기용하여 혼신을 다해 개혁에 나선다.

사가에 도착한 뒤 시정방침을 공표했는데 근본이념으로 내세운 것은 논

어의 '절용애인(節用愛人)'이었다. '쓰는 것을 아끼고 사람을 사랑한다'라는 뜻이다. 재정을 절약하여 사람을 위로한다. 연공으로 들어오는 수입으로 충당할 수 있도록 낭비를 줄여서 무사와 주민들에게 부담을 주지 않겠다는 것이었다. 서서히 모든 사람이 안심하고 살 수 있게 하겠다고도 했다. 피해를 딛고 일어서야 할 시점에 모든 사람이 안심하고 생활할 수 있게 하는 것이 자신에게 주어진 과제라는 것을 소년 영주가 명확히 인식하고 한 선언이었다.

나리마사가 그렇게 한 데는 계기가 있었다. 영지에 도착한 사가 영주는 사가성 남쪽으로 약 2.5킬로미터 떨어진 쇼조지(正定寺)를 참배하는데, 도쿠가와 역대 장군들의 위패가 있는 이곳에서 손을 모으고 도쿠가와에게 충성하는 자세를 취한다. 나리마사도 성을 나와 참배하러 가는 길에 2년 전 태풍 시볼트로 무너진 집에서 그대로 살고 있는 주민들을 보게 되었다.

'성에서 얼마 떨어지지 않은 곳에서조차 이러니 멀리 떨어진 영지에서는 어떤 상태일까?' 하고 안타깝게 여긴 나리마사는 빠지는 곳 없이 도우라고 지시했다.(『나오마사 공보(直正公譜)』).

그러나 나리마사의 행보는 여기에서 생각지도 못한 방향으로 나아가게 된다.

서양 문명에 눈 뜨다

1830년 음력 윤3월 28일 처음으로 사가성에 입성한 나리마사는 4월 7일에 사가를 출발하여 10일에 나가사키로 들어가 다음날인 11일부터 이틀 동안 현지를 시찰하기 시작했다. 먼저 막부의 나가사키 봉행소에 인사차 들러 사가번의 나가사키 경비 진영이 되는 쇼후쿠지(聖福寺)와 나가사키항 안쪽과 바깥쪽 포대를 시찰했다(『나오마사 공보』).

그런데 소년의 호기심은 그것으로 채워지지 않았다. 무엇보다도 나리마사를 가르친 학자 고가 고쿠도가 지금까지와는 달랐다.

그는 "서양 여러 나라들은 천문·지리·기물·외과 등이 중국보다 앞섰다. 국가 제도에도 여러모로 흥미로운 것들이 있어서 경제에도 도움이 된다. 나가사키 경비를 담당하는 사가와 후쿠오카는 여러 외국을 상대해야 하므로 언젠가는 난학(蘭學)을 하는 사람이 있어야 한다."(『학정관견(學政管見)』)라는 생각을 하고 있었다.

천문·지리 등 기술적인 면은 차치하고 국가를 통치하는 데에도 서양의 제도를 도입하여 경제에 도움이 되게 해야 한다는, 당시로서는 돌출적인 생각을 하고 있었던 것이다.

또한 나베시마의 친척 가운데 난학을 숭상하는 다케오(武雄) 영주 나베시마 시게요시(鍋島茂義)가 있었는데, 나리마사는 이 두 사람을 브레인으로 삼아 개혁을 추진하고 있었다.

나가사키를 돌아본 나리마사는 '데지마(出島) 네덜란드관에 가 보자. 거기 있는 서양 범선의 실물을 보고 싶다.'라고 마음먹었던 모양이다. 막부 측과 조정한 끝에 7월 4일 마침내 나가사키의 중국인 거류지와 데지마 네덜란드관을 돌아보았다. 다음날인 5일에는 정박 중이던 네덜란드 범선에 올라가 내부 구조를 보는 데 성공했다. 이 배는 인도네시아 자바섬에서 건조된 네덜란드 상선이었는데 3개의 서양식 돛대를 온전히 갖추고 있었다. 당시 다이묘가 직접 서양 배에 올라가 돌아본다는 것은 전례가 없는 일이었다(『나베시마 나리마사 공전(鍋島直正公伝)』).

영주 자신이 서양 범선에 올라 그 구조를 둘러본 것으로 사가번은 일본 내 그 어디에서도 볼 수 없는 특별한 번이 되었다. 나베시마 시게요시는 화승이 아닌 부싯돌로 점화하는 서양 총을 구입하고 네덜란드식 집총 대형을 연구하여 군대를 서양화해 갔다. 그 후 무진전쟁이 발발하기까지 사가번은 다른 어떤 번보다도 군사 기술에서 최첨단을 달린다. 최신식 총은 사가번에서 제일 먼저 구입하였고, 사가번에서 구식이 된 총은 다른 번에서 사 갔다.

1828년의 시볼트 태풍의 피해를 복구하기 위해 사가번에 서양 문명을 중시하는 개혁파 세력이 등장한다. 이로써 일본에는 사가번이라는 조그마한 서양식 공업국이 탄생하게 되고, 이 권력체가 후일 도시바(東芝)의 원조가 되는 다나카 히사시게(田中久重)를 고용하여 대포 제조를 하게 하는 등 모든 서양 문물을 국산화하는 시도를 하였다. 일본의 다른 번에서도 사가번을 따라 대포를 주조할 용광로 건설 등을 하기 시작했다. 사상 초유의 태풍이 일본의 근대화에 절대적인 영향을 준 것이었다.

'버리는 병졸' 자폭 부대

태풍 시볼트로 입은 막대한 피해를 계기로 사가번에는 개혁 세력이 등장

했다. 서양의 군사 과학에 조예가 깊었던 이들 개혁파는 나베시마 나리마사라는 소년 영주에게 지체 없이 나가사키 시찰을 하고 네덜란드 범선에 올라가 보도록 하여 서양의 실체를 보게 하였다.

일반 다이묘들에게는 불가능한 일이었는데, 그것은 우선 막부에서 허가하지 않기 때문이었다. 나리마사는 어떻게 서양 범선에 올라갈 수 있었던 것일까?

사가번은 후쿠오카번과 함께 외국 선박으로부터 나가사키만을 방어하는 특별한 번이었다. 그런데 1808년 영국 군함 페이튼호가 침입하는 사건이 발생했을 때 사가번은 나가사키만을 지켜내지 못하고 한때 네덜란드인이 인질로 잡혀가기도 했다. 그 책임을 물어 막부의 나가사키 봉행을 할복하게 했고, 막부는 방위를 위해서는 서양 범선을 알아 둘 필요가 있다는 사가번의 주장을 인정할 수밖에 없었던 것이다.

나가사키 인근 이사하야(諫早) 부근과 이오지마(伊王島) 등 나가사키만에 있는 섬들은 어떻든 사가번의 영지였다. 자신이 다스리는 바다이기 때문에 나가사키만에 떠 있는 네덜란드 범선을 사가 영주가 시찰하는 것은 여타 다이묘들과는 경우가 다르기 때문에 막부의 허가를 받기가 용이했던 것이다.

만 15세의 나리마사가 돛대가 세 개인 서양 범선 안에서 무엇을 느꼈는지 구체적으로 알려져 있지는 않으나, 그로서는 서양 범선의 내부 구조를 알아 두어야만 할 이유가 있었다. 그야말로 여차하면 서양 범선과의 전투를 지휘해야 하는 위치에 있었기 때문이다.

도저히 당해낼 수 없는 서양 군함에 맞서기 위해 사가번에서는 '버리는 병졸'이라는 일종의 특공대를 조직해 두고 있었다. 서양의 압도적인 군사 기술에 대항하는 수단으로 서양 이외 지역에서는 때로 자폭 공격이라는 무모함을 감행해 왔다. 태평양전쟁 때 일본군 특공대가 그러했고, 이슬람 과격파의 자폭 테러는 지금도 이어지고 있는데, 서양에 대한 자폭 공격을 조직화한 역사상 가장 오래된 사례는 사가번과 후쿠오카번일 가능성이 있다.

이와 관련해서는 메이카이(明海)대학 이와시타 데쓰노리(岩下哲典) 교수가 「異国船一件 渡辺」이라는 사료 등을 바탕으로 하여 상세하게 연구하였다(이와시타 데쓰노리, 「18~19세기 초 러·영의 접근과 근세 일본의 변화」, 笠谷和比古 편 『18세기 일본의 문화 상황과 국제환경』 수록). 이 사료에는 다음과 같은 가공할 만한 내용이 기록되어 있다.

> 후쿠오카번 구로다공이 취한 방비 수단은 만일의 경우 네덜란드 선박 본선에 올라탔을 때 버리는 병졸 80명 각각에게 염초를 채운 작은 통을 옷 속에 묶고 본선에 들어가서 불을 붙일 수 있게 한다는 것이다. 사가번의 나베시마공도 마찬가지이다. 후쿠오카번이나 사가번 모두 맨 앞에 서는 병사에게 불을 붙인다는 생각을 한 것으로 보인다.(이하 생략)

나가사키를 지키는 후쿠오카번에는 자폭 공격을 감행할 병사 80명이 준비되어 있었는데, 이는 사가번도 마찬가지였으니 특공대 작전이 태평양전쟁 때 갑자기 나타난 것은 아니었다.

자폭 공격 준비를 한 것이 사가번과 후쿠오카번만은 아니었다. 페이튼호 사건 당시 나가사키의 마치도시요리(町年寄) 다카시마 시게노리(高島茂紀)가

"옷 속에 화약 80근(파운드)을 숨겨서"(앞의 이와시타 논문) 영국 배 페이튼호에 올라 네덜란드인 인질 석방 교섭을 하려 했다. 상대가 인질 인도를 거부하면 "배 안에서 함장과 함께 자폭하고 함정도 폭파할 계획이었다. 이것이 일본인이다." 네덜란드 상관의 의사 시볼트는 일기에 이와 같이 기록하였다.

2. 분세이 교토 지진의 교훈

에도시대 의사가 남긴 지진 관련 지식

에도 사람들이 보유하고 있던 눈부신 지식을 보게 되는 경우가 많다. 지진을 단순히 흔들림으로 생각하는 것과 전파되는 지진파로 인식하는 것 사이에는 과학적 지식 면에서 하늘과 땅 차이가 있다. 에도 사람 가운데에는 지진을 '파동'으로 정확하게 알고 있던 사람이 있었던 것 같다.

내가 재직하고 있는 시즈오카문화예술대학 우편함에 모르는 분에게서 온 편지가 들어와 있었다. 발신인은 이요(伊予) 오즈(大洲)번 의사의 후손으로 자신도 의사라고 했는데 봉투 안에는 자비 출판한 책이 동봉되어 있었다. 『다니무라 겐민준호 일기(谷村元珉純甫日記)』라는 책 제목이 찍혀 있는, 피륙으로 장정한 양장본이었다. 곧바로 읽기 시작했다. 먼저 지진 관련 기술이 있는지를 찾아보았는데 정말로 있었다.

다니무라라는 의사는 놀랍게도 지진에 대해 다음과 같이 썼다.

지진은 옆으로 흔들리는 것이 아니라 파도가 치듯이 출렁거리는 것이다.

1793년 1월 7일, 에도에서 발생한 지진을 보고 위와 같이 기록한 것이다. 다니무라는 네덜란드 외과 의학을 공부했고 나가사키에 있던 네덜란드 통역관과도 친분이 있어서 어쩌면 서양 과학을 접했는지도 모른다.

그러나 네덜란드를 통해 지식을 얻었다 해도 그 당시 지진학은 유럽에서도 아직 걸음마 단계에 있었다. 영국인 존 마이클은 1755년 포르투갈의 리스본 지진을 보고 1760년에 「지진 현상에 대한 관찰과 원인에 대한 추측」이라는 논문을 썼다. "지진은 지면을 따라 전달되며 신축하는 지면의 파동이다."라는 학설이 비로소 퍼져가기 시작할 무렵이다.

근대과학의 최신 지식을 알았든 몰랐든 이 의사는 지진을 지면이 옆으로 흔들리는 것이 아니라 파도가 치듯이 출렁거리는 것이라고 명확히 기록하고 있는 것이다. 이때 다니무라는 오즈번에 속한 정식 의사가 아니고 시정의 의사였다. 이렇듯 도시와 마을 사람들이 지닌 지식이 세계적 수준으로 보아도 월등히 높았다는 것이 에도 사회의 특징이었다. 일본인은 지금까지 그러한 지적 유산의 덕을 보아왔다.

다니무라가 1793년에 경험한 지진은 미야기(宮城)현 앞바다의 지반에 균열이 생기면서 발생한 것이었다. 이 지반의 균열이 좁은 범위에 머무르지 않고 크게 연동하면 동일본대지진을 일으킨 도호쿠(東北) 지진과 같은 것이 되므로 정밀하게 연구해야 할 지진이다.

1793년 지진은 "에도성 서고의 흰 벽이 갈라지고 창이 세 군데 부서져 내렸다."라는 피해 기록으로 보아, 에도에서는 진도 4였던 것으로 알려져 있다(「1793년 미야기현 앞바다에서 발생한 지진에 대한 상세 진도 분포와 쓰나미 상황」,『역사지진』제19호).

다니무라와 그 가족은 상당히 두려움을 느낀 듯 "가족은 크게 놀라서 안절부절못하고 큰 흔들림을 무척 두려워했다. 지진은 막을 도리가 없다. 집안의 부녀자들을 시골로 보낼까 생각했다."

그런데 다니무라는 지진으로 흔들리는 것을 보며 "놀라 허둥대다 밖으로 나가면 오히려 다치는 법이다. 차분하게 위에서 떨어지는 것들을 조심하라."라고 주의를 주었다.

에도시대의 전통 가옥은 진도 5가 채 안 되는 지진에도 문짝이 떨어져 나간다. 진도 5를 넘으면 문짝 70퍼센트 정도가 어긋나 떨어져 나간다. 진도 6이면 문짝이 튕겨 나가고 상당히 많은 집이 무너지며 깔려 죽는 사람이 발생한다(宇佐美龍夫,「역사 지진의 시초」).

다니무라는 어느 단계에서 집 밖으로 뛰쳐나가는 것이 좋은지 기록하고 있다. 문이 저절로 무너지기 전까지는 밖에 나가지 않아야 한다. (진도 4에) 문이 무너지기 전까지는 불이 나지 않게 조심하고, (진도 5에) 문이 무너지거든 위에서 떨어지는 것들을 조심하면서 집 밖으로 나가게 했던 것 같다.

1830년 교토 지진을 읊은 와카

나에게 전화 한 통이 걸려왔다. 교토 데라마치(寺町) 거리에 있는 옛 전적을 거래하는 시마야(志滿家)라는 고미술품상이었는데, 그 여성은 교토 말씨를 썼다.

"이소다 선생님이시죠? 대덕사 다이코(大綱)상이 지진을 와카(和歌)로 노래한 표찰이 나왔는데요."

다이코상이란, 에도 말기 대덕사 주지였던 다이코 소겐(大綱宗彦)을 말한다. 다도를 즐겼고 많은 사람과 친분을 쌓고 있었다. 그래서 다도를 아는 사람들은 대덕사 역대 인물 가운데 다이코의 서화를 귀하게 여긴다. 다이코는 승려치고는 와카를 많이 읊은 편으로 많은 서화 작품을 남겼기 때문에 교토의 고미술품상에서는 그를 그냥 '다이코상'이라 부르며 그 족자를 주요 거래 대상으로 하고 있다.

"호오, 지진을 읊은 와카라니 거참 특이하네요. 어떤 지진을 노래한 것인지 알 수 있을까요?"
"예, 경인(庚寅) 7월 2일 대지진이라 쓰여 있으니까 1830년 교토 지진이 아닐까요?"

'맞다.' 대답 그대로라고 생각하며 나는 혀를 내둘렀다. 야마기시(山岸)라고 한 이 가게 지배인은 상품을 정확하게 파악하고 있는 여성이다. 어떤 와카가 쓰여 있느냐고 묻자 " '하늘과 땅이 흔들리고 움직인 올해 가을은 마음 편할 날 없는 도성이었더구나.'라 읊은 것으로 봅니다."라고 답하였다.

과연 그럴 것이라고 생각했다. 1830년 교토 지진은 여진이 대단했다. 음력 7월 2일 본 지진이 온 뒤, 이듬해 정월 3일까지 반 년 동안 교토는 여진으로 계속 흔들렸다. 1830년 하반기에 교토는 다이코가 말했듯이 "마음 편할 날 없는 도성", 즉 "하루도 편하지 않은 도성"이었다.

흥미로운 자료라서 나는 교토에 있는 가게로 가 이 지진에 대해 알아보기로 했다. 1830년 지진은 진도 6.5로 규모 자체는 작았어도 교토에 큰 피해를 준 마지막 지진이다. 이 지진 이후 약 180년 동안 교토 시가지에 큰 지진 피해는 없었다. 지금도 교토에는 오래된 상가 건물이 많기 때문에 건물 상태가 오늘날과 가장 가까운 그 당시의 지진 피해 상황을 연구해 두는 것은 의미가 크다.

교토에서 가옥이 무너지고 많은 압사자가 발생한 것은 1596년 후시미(伏見) 지진, 1662년 교토 지진, 그리고 이 1830년 교토 지진까지 모두 세 차례이다. 1707년 호에이(宝永) 지진이 있지 않느냐고 생각하는 분이 있을지도 모르겠다. 호에이 지진은 난카이 해저구가 세 차례 연속 움직였고 규모도 진도 9였을 가능성까지 제기될 정도이지만 진원으로부터 거리가 멀었기 때문에 교토에서는 그다지 피해가 크지 않았다.

1830년 교토 지진을 경험한 교토 사람은 다음과 같이 쓰고 있다.

> 호에이(宝永) 원년(4년의 잘못) 이후의 일이다. 옛 기록과 대조해 본바, 이번 지진의 피해가 훨씬 큰 것 같다.(『시청초(視廳草)』)

요컨대, 교토 시민이 볼 때 가장 공포스러운 것은 난카이 해저구 대지진이 아니라 교토 주변의 활단층이 일으키는 직하형 지진이었던 것이다.

단층 지진이기 때문에 사전에 감지하는 것은 불가능에 가깝다. 다만 다음과 같은 기록이 발견되었다. 쓰치미카도(土御門) 가문은 음양사 아베 하루아키(安倍晴明)의 후손이다. 에도시대에도 조정에서 하늘과 땅의 변화를 관측했는데 이 쓰치미카도 가문에서 전조 현상을 포착했다는 사료가 있다.

> 하루아키의 신사에서 지진 나기 전부터 땅속에서 울렸다고 함. 이를 쓰치미카도께서는 숨기고 계셨다는 소문(「宝曆現来集」).

설마 지금의 하루아키 신사에서 지진의 전조가 되는 땅울림 소리가 들렸을 것이라고는 생각되지 않지만, 하늘과 땅의 변화에 민감했을 음양사가 기록한 것인 만큼 신경이 쓰이는 자료이다.

심상찮은 가속도

1830년 교토 지진의 진동은 중력가속도를 초월했던 것 같다. 인적 피해는 『문정잡기(文政雜記)』라는 자료에 '부상자 1,300명, 사망자 280명'이라 되어 있는데 니시야마 아키히토(西山昭仁)에 따르면 이는 서민의 피해만 집계한 것이고 무사와 문신 집안의 피해는 포함되어 있지 않다(『도쿄대학 지진연구소 휘보』 85).

나도 이 지진으로 인한 사망자 수를 조사해 보았다. 수도대학 도쿄도서관의 「지진일기」에는 "사망자는 단 300명", 『시청초(視廳草)』에는 "사망 3, 4백 명, 관가의 사망자 집계 3백 6, 7십 명, 사망자는 중간 계층 위가 300명이고 농촌까지 포함하면 상당한 수"라 되어 있다.

도쿄 국립박물관의 「文政十三年寅京都地震之記」에 있는 '막부에 보고된 사망자 수는 1천 2,3백 명'이라는 숫자를 그대로 믿기는 어려우나 사망자가 300명을 넘은 것은 틀림없다. 나는 "교토의 사망자는 대략 390명"이라는 「고바야시 규베 일기(小林九兵衛日記)」의 기록이 실상에 가까울 것으로 생각했다.

1830년 교토 지진은 교토 시내에서 보아 서북서쪽 가메오카(龜岡) 부근의 활단층이 움직여서 발생한 지진으로 알려져 있다(宇佐美龍夫, 『일본 피해 지진 총람』 등).

앞에 언급한 「고바야시 규베 일기」에도 "가메야마(龜山), 우마호리(馬堀), 시노무라(篠村) 인근의 집과 창고가 무너졌다. 교토 아타고(愛宕)산은 황폐화되었다. 이 근방은 아무렇지도 않았다."라고 되어 있으므로 교토시 아타고산 부근을 지나는 활단층에서 진원을 찾는 것이 맞을 것이다.

일반적으로 교토에서 일어나는 지진은 저습지라서 지반이 약한 아래쪽과 후시미(伏見)에서의 흔들림이 심한데, 이 지진은 교토 북쪽 가까운 곳이 많이 흔들렸다(「龜山藩士矢部朴齊手記」).

『시청초』에도 진동은 교토 시가지의 "북서쪽이 강했다. 기타노(北野) 쪽에서는 도리이(鳥居)도 부서지고 땅이 갈라진 곳으로 소의 다리가 빠졌다."라고 쓰여 있다.

이 지진으로 피해가 컸던 이유는 무엇일까? 니시야마 씨는 얇은 기와를 얹은 지붕이 널리 퍼져 있었기 때문에 피해가 컸다고 한다. 1830년 교토 지진이 있기 168년 전에도 교토에는 1662년 대지진이 있었는데, 당시 사망자는 27~83명으로 확연히 적다. 그때는 시중 상가의 지붕을 지금과 같은 얇은 기와로 얹은 것이 아니고 판자를 깐 위에 돌을 얹어서 돌 무게로 누르는 방식이었다. 그것이 기와지붕으로 바뀌고 나서 피해가 커진 것이 아닐까 하는 것이다.

그런데 1830년 교토 지진에 관한 고문서를 읽다 보니 또 한 가지 마음에 걸리는 것이 있다. 진동의 가속도가 심상치 않아서 건물을 파괴하는 힘이 강했을 가능성이 있는 것이다. 「宝暦現来集」에는 "진동도 없이 한 번에 밀어 넘기듯이" 흔들려서 "미닫이 위틀이 빠지고 벽이 떨어져" 가옥이 부서졌다고 되어 있다.

내가 주목하는 것은 "귀 무덤 위 오륜탑이 남동쪽으로 10간(18미터)쯤 날아가 떨어졌다."라는 고문서의 기록이다. 귀 무덤은 히데요시가 조선을 침략했을 당시 머리 대신에 가져온 조선 병사들의 귀와 코를 묻은 무덤으로 높이 7미터, 반경 12미터가량인데 꼭대기에 4미터 높이의 오륜탑을 세웠다.

귀 무덤 주변은 대나무밭이어서 오륜탑이 무너지면 대나무나 작은 나무들이 부러졌어야 하는데, 나무나 풀은 상하지 않은 것으로 보아 대나무와 나무 위를 진동으로 넘어간 것이라 생각된다. 맞은편에 있는 외딴집 모서리 기둥이 오륜탑에 부딪혀 부러졌다.

진동의 가속도가 위아래로 커서 중력 980갈(가속도의 단위로, 1갈은 매초 1cm

의 가속도를 나타내며 갈릴레이의 이름에서 유래-역자)을 초과하면 돌이 날아가는 현상이 발생한다. 혹시 귀 무덤에서 이 현상이 일어난 것이 아닌가 하는 생각이 드는데, 엄청난 가속도로 흔들린 것이다.

단층 지진의 경우 흔들리는 시간은 짧지만 엄청난 가속도를 가진 진동이 건물에 가해진다. 일본 건물은 옆으로 흔들리는 것은 그런대로 감안하고 있지만 위아래로 흔들리는 것에 대해서는 소홀한 편이다. 원전 같은 것이 특히 그러한데, 위아래 방향의 가속도를 좀 더 엄격하게 고려하여 설계해야 한다는 생각이 든다.

지진 직후의 닌코 천황과 세 가지 신기

천황이 교토궁에 머물 수 없게 되었다. 천황이 기거하는 교토 오미야(大宮) 쓰네노고텐(常御殿)은 146년 전에 지어진 것으로, 메이지 유신 전 해인 1867년에 목조로 건축한 것이다. 그런데 이 전의 내진 강도를 조사해 보니 '진도 6 이상 7에서 도괴 우려'라는 판단이 나왔다. 궁내청에서 약 8,500만 엔을 투입하여 2014년이 가기 전에 내진 보강을 완료하겠다고 했다 한다.

교토궁은 역사상 여러 차례 강진을 겪었는데, 마지막 지진은 1830년 지진이었고 당시 천황은 닌코(仁孝) 천황이었다. 부친 고카쿠(光格) 천황이 건재할 때였다. 이야기가 조금 빗나가는데, 에도시대 천황 가운데에서는 고카쿠 천황이 가장 서민적인 천황이었을 것이다. 그의 탄생 경위가 흥미롭다. 하나의 사랑이 고카쿠 천황이 태어나게 한 계기가 되었다는 설이 있다.

고카쿠 천황은 천황의 자녀로 태어나지 않았다. 부친은 강인노미야 스케히토(閑院宮典仁) 친왕이라는 왕족이었는데, 천황의 양자로 들어가서 황통을 잇게 된 것이었다. 그러므로 생모는 서민이었고, 아홉 살 때까지 돗토리(鳥取)현 구라요시(倉吉)에서 철물 자재 상인의 딸로 자랐다. 그녀의 부친, 즉 천황의 외조부는 이와무로 소켄(岩室宗賢)이라는 의원이었는데 원래는 돗토리번의 가로 아라오(荒尾)가를 섬기던 적은 녹봉의 무사였고 그의 조상은 닌자로 유명한 고가(甲賀)의 지방 무사였다고 한다(森納, 『因伯의 의사들』).

이 소켄이 철물 자재상 집 딸 린과 사랑에 빠져 아이가 생겼다. 그러나 이와무로 집안에서는 장사하는 집과 인척이 되는 것을 허락하지 않았고, 린의 친정에서도 녹봉이 적은 이와무로 집안과의 혼담에 반대했는지 결국 결혼은 이루어지지 못했다.

그 후 소켄은 의원이 되겠다고 결심하고 임신 중인 린을 남겨 두고 홀로 교토로 갔다. 태어난 아기는 어여쁜 여아로 9년 동안 구라요시에서 자라다가 부친이 있는 교토로 가서 벼슬하는 집안과 왕가에서 봉공하던 중, 강인노미야(閑院宮)의 아기를 잉태했는데, 그 아기가 천황이 되었기 때문에 장사하는 집 딸이 천황의 생모가 되었다는 이야기가 생겨난 것이다. 지금의 천황가는 이 고카쿠 천황의 핏줄이다.

1830년 교토 지진 때 고카쿠 천황과 닌코 천황의 궁전은 심하게 손상되었다. 「宝曆現来集」에 따르면 "궁성 안은 눈 뜨고 볼 수 없을 만큼 크게 파손되었고, 어전도 크게 파손되고 뒤틀린" 상태였다. 많이 기울어져서 다시 건축할 것을 검토했을 정도였다. 건물 안에 있던 닌코 천황은 대전에서 작은 궁 앞뜰까지 있는 힘을 다해 달렸다. 다즈마루(田鶴丸)라는 사람이 쓴 편지에는 "지진이 나자 천황께서도 맨발로 마당으로 뛰어내려 풀 위에 서 계셨던 모양이다. 2일 밤은 마당에서 밤을 새우셨다."라고 되어 있다.

피신한 뒤에는 어떻게 했는지에 대해 미에(三重)현 이세(伊勢)신궁 문고에 "文政 13(1830)년 칠월 지진 있은 날"이라는 비록이 남아 있다.

> 마당에 멍석으로 길을 급히 만들고 천황이 앉을 자리를 마련한 뒤에 근신들이 앞뒤로 호위하고 여관들이 수종하여 (세 가지 신기 가운데) 칼과 옥새를 어좌 옆에 두었다.

그 자리에 승적을 가진 사람이 있었는데 죽은 자를 위해 비는 승려는 부정하기 때문에 칼과 옥새 가까이 갈 수 없어서 뒤쪽으로 조금 물러나 있었다. 그때 한 여관이 천황에게 말했다. 어전 내 가시코도코로[賢所, 궁중에 세 가지 신기 중 하나인 야타(八咫)의 거울을 안치한 곳-역자]에서 신을 섬기는 처녀 여관들이다.

> "흔들림이 그치지 않사옵니다. 가시코도코로에서 신기 거울을 꺼내올까요?"

그러나 천황은 말했다.

> "가시코도코로에서 꺼내기는 쉽지 않다. (건물이) 기울어져서 위험하니 지

금은 그럴 때가 아니다. 잠시 뒤로 미뤄라."

천황은 목숨을 걸고 신기 거울을 꺼내오라고는 명하지 않았다. 이날 천황은 어쩔 수 없이 마당에서 식사를 했다.

지진이 있고 나서 천황을 위해 뜰에 샘이 있는 건물을 세웠고 그 후에 황후에게는 궁 안에 화장실이 딸린 지진전이라는 내진 대피소를 마련했다.

3. 닌자를 활용한 방재

고가 닌자가 전해 주는 대지진

방재에 닌자를 활용한다고 하면 이상하게 들릴지 모르지만 그런 것도 있다. 닌자에 관한 연구도 하고 있는 나는 매년 시가(滋賀)현 고가(甲賀)의 산촌에 들어가 지금도 닌자의 후손이 살고 있는 집을 찾아다니며 디지털 사진기로 닌자가 남겨 둔 고문서를 찍는다. 단조로운 작업이지만 벌써 4년째 하고 있다.

닌자의 후손이라 해도 한때는 샐러리맨이었거나 지금은 문구점을 운영하는 사람도 있다. 다만 닌자 후손의 집을 여기저기 찾아다니면서 느낀 것은, 역시 화약과 약 종류를 조합하는 데 뛰어난 고가 닌자의 전통이 있어서인지 약제사, 굴지의 화학회사 직원 등 의약과 화학 계통 직업에 종사하는 분들이 많은 것이 분명하다는 것이다.

최근에는 닌자의 후손들 가운데 몇 분이 내가 출연하는 'BS역사관', '영웅들의 선택' 같은 NHK 역사 프로를 시청했는지 "TV에 나오는 '무사의 가계부'의 이소다 선생님이 오셨는디, 갖고 있는 고문서 좀 보여 주실라요?" 라며 닌자의 고문서를 보존해 오고 있는 집에 다리를 놓아 자료 조사를 할 수 있도록 해 주기까지 한다. 역사학도로서 참으로 고마운 일이다.

2013년 6월, 나는 '고가 50인'의 후손이 살고 있는 집을 찾아갔다. 고가 50인이란 기시와다(岸和田)번 5만 3천 석의 오카베(岡部)가에서 거느리고 있던 고가의 인사들이다. 50명 가운데 40여 명은 고가에서 농사를 지으면서 번갈아 가며 기시와다성에 가서 번의 업무를 보는 한편 유사시에는 모두가 총 같은 무기로 무장하고 출전했다. 인술서를 보관하고 있는 집도 많은 것으로 보아 원래는 고가 닌자 집단이었을 것이다. 나는 50인의 자손들을 찾아다닌 끝에 현재 상태에서 전체의 10분의 1에 해당하는 다섯 집 후손을 가까스로 찾을 수 있었다.

이소다 선생님에게는 보여 드릴 수 있다며 깊이 소장하고 있는 고문서를 촬영할 수 있게 해 주겠다는 집이 또 한 곳 있다기에 디지털카메라를 가지고 현지 사람들과 함께 차에 올랐다. 고가시 고난초(甲南町) 신지(新治)라는 곳이었는데, 농부 차림의 한 소탈한 어르신이 맞이해 주었다. 대문은 없어도 번듯한 농가였다. 지은 지 100년 되었다는 객실로 따라 들어가니 기둥 사이의 선반에 집안의 문장이 새겨진 장식물이 박혀 있었다.

개인 집에 들어가 귀중한 고문서를 보게 되는 것이므로 감사 표시를 해야 했다. 닌자의 자손도 장어는 좋아할 것 같다는 생각에 하마마쓰역에서 하마나호 장어 조림을 샀다. 자녀들이 도시로 나가버린 지금은 노부부만 있거나 노인 혼자 사는 집이 많다. 쌀은 대개 자기가 먹을 것을 농사지어 노인이 전기밥솥으로 밥을 짓는다. 그래서 조리하는 수고를 들이지 않고 두고 먹을 수 있는 장어 조림이 선물로 좋을 것 같았다. 닌자의 후손은 사양하면서도 장어라는 말에 얼굴에 웃음이 번지며 받아 주시는 것을 보고 나도 마음이 편해졌다.

닌자의 후손은 떡 말린 것을 내놓으며 먹어 보라고 했다. 하지만 고문서를 옆에 두고 떡 말린 것을 아삭거리며 씹다 보면 부스러기가 떨어져 고문서에 벌레가 꼬이게 된다. 완곡하게 사양하고 바로 닌자의 고문서를 보게 되었는데 놀랍게도 고가 닌자의 생활상에 관한 고문서가 많았다. 이 정도면 닌자의 가계부라는 책도 쓸 수 있겠다는 농담까지 해 가면서 사진을 찍고 있는데 기묘한 문서가 눈에 띄었다.

대지진으로 물길이 바뀌어서 논에 가뭄이 들었으므로 세금을 감면해 주실 것을 청원함.

1855년 5월에 쓴 것으로, 대지진을 당한 닌자가 그 피해 상황을 보고하며 세금을 감면해 줄 것을 청원한 것이었다. 1854년 고가 지방에는 6월에 이가우에노(伊賀上野) 지진이 있었고 11월에도 지진 피해가 있었다. 이 지진으로 고가 닌자들이 사는 마을 논도 피해를 본 것이었다.

대지진으로 물길이 바뀌어 물 한 방울도 나오지 않아 논이 말라붙었다. 올해 모내기를 못한 논이 8,910평.

3헥타르 가까운 논에서 모내기조차 못했다는 것인데 그것이 다가 아니었다. 역시 고가의 닌자답게 방재에 필요한 중요 정보를 기록해 두었다.

저수지 3곳, 대지진으로 제방 붕괴

닌자가 사는 작은 마을에서도 저수지 제방이 무너졌다. 지진이 나면 저수지 둑이 무너져 터질 수가 있다.

이가우에노 지진으로 저수지 여러 곳 붕괴

이와 같이 닌자의 고문서는 아직도 이가(伊賀)와 고가(甲賀) 산동네에 살고 있는 자손들 곁에서 잠자고 있다.

2013년 6월 10일, 시가현 고가시 고난초 신지에 있는 기시와다번 고가 50인 후손의 집을 찾았다.

페리가 일본에 도착한 다음 해인 1854년에는 긴키(近畿) 지방에서 대지진이 잇달아 발생했다. 6월 15일에 이가우에노 지진이, 11월 4일에는 안세이 지진이 일어났다. 내가 조사하러 간 고난초 신지는 에도시대에 신구우에노무라(新宮上野村)라 불렸던 곳으로 400석 정도 수확하는 작은 마을이다. 그

중 한 집이 고가슈라 하여 기시와다번 고가의 관리를 담당하고 있었는데 고가슈는 평상시에는 농사에 종사한다. 그가 1854년 지진으로 파괴된 관개 시설을 복구해 줄 것을 영주에게 요청한다.

　　대지진으로 저수지 세 곳에서 제방이 무너졌다. 지진 후에 본 건을 막부에 신고했다. 인부와 쌀을 조금이라도 내려 주시면 감사하겠다.

시기에 따라 다르지만 신구우에노무라는 막부, 고노에 오모리(近江大森), 모가미(最上), 미노베(美濃部) 등 네 영주가 분할 통치하고 있었다. 한 마을을 여러 영주에게 나눠준 곳이다.

미노베는 본디 이 고가의 호족으로 도쿠가와 이에야스가 하마마쓰성에 있을 무렵부터 도쿠가와 가문을 섬겼고 나가쿠테(長久手) 전투에서는 적의 목을 하나 베어왔다. 후일 이에야스가 슨푸(駿府)성에 은거하게 되자 1년에 100일을 슨푸에 머물며 이에야스의 신변을 지킨 가문이다.

고가슈는 "모가미 나으리께서 금화 60량을 내려 주셨으니 미노베 나으리께서도 저수지 복구공사에 필요한 인부와 쌀을 조금이나마 주시기 바랍니다."라고 청원하였다.

내가 놀란 것은 작은 마을 고가에서 저수지가 세 곳이나 무너졌다는 사실이었다. 고문서를 다 읽고 나서 내가 말했다.

　　"이것은 중요한 방재 정보입니다. 지진이 났을 때 저수지가 무너지는 수가 있는데, 지금은 저수지 아래쪽에까지 집을 짓고 있지 않습니까?"

그러자 그 자리에 있던 고가 닌자의 자손들이 얼굴을 마주 쳐다보며 말했다.

"긍게 말여. 요 근방에도 여그 저그 저수지 밑에까지 집들을 짓고 있제."

뭔가 짚이는 데가 있는 모양이었다. 닌자의 고문서가 방재에 도움이 된다는 이야기를 나누었다.

1854년 6월 이가우에노 지진으로 여러 곳에서 저수지가 붕괴되었는데, 멀리 떨어진 가가와(香川)현 만노이케(滿濃池)에서도 피해가 있었다.

만노이케는 물이 새기 시작한 지 한 달이 못 되어 붕괴되었다. 『다카마쓰 번기(高松藩記)』에는 여러 날 전부터 붕괴 조짐이 나타났기 때문에 사람과 가축에 피해는 없었으나 많은 농토가 피해를 보았다고 되어 있다.

『문서제국대지진과 화재(聞書諸国大地震並ニ出火)』라는 막부 말기 신문에는 "나라현 후루이치(古市)에서 지진으로 저수지가 터져 인가가 많이 부서졌고 사망자 67명, 부상자는 부지기수이며 남은 집은 단 3채"라는 기사가 있다. 지진으로 저수지가 터지고 사망자가 생길 위험이 있다는 것을 고문서는 경고해 주고 있다.

저수지도 내진 진단이 필요

고가 닌자의 고문서를 살피는 과정에서 지진이 발생하면 저수지가 붕괴된다는 무서운 사실을 알게 된 나는 나라의 후루이치 마을에 관한 고문서를 찾아 나섰다. 도다이지(東大寺)와 신야쿠시지(新藥師寺) 남쪽에 위치한 후루이치 마을은 1854년 이가우에노 지진으로 비극의 마을이 되었다. 마을 뒷산에 있는 저수지가 붕괴되면서 집들이 떠내려가고 폐허가 되다시피 한 피해가 발생한 것이다.

이가우에노 지진은 1854년 음력 6월 14일부터 15일 한밤중에 발생했다. 장마가 막 끝난 참이었다. 먼저, 당시에 저수지에 물이 얼마나 차 있었는지 『천리시사(天理市史) 사료편 1』을 들추어 「후쿠치도 수각연대기사(福知堂手覺年代記寫)」에서 그해 강수량을 확인해 보니 다음과 같은 기록이 있었다.

봄 이후로 오랫동안 비가 오다가 (모내기철인) 5월 7, 8일 무렵부터는 비가 오지 않았고, 24일에 비가 많이 와서 모내기를 할 수 있었다. 6월 상순에도 흐리기만 하고 비는 오지 않았다.

저수지에 물이 가득 차 있지 않았던 것은 분명하다. 그런데도 큰 피해가 난 까닭은 무엇일까?

흔들림이 강했던 것은 확실하다. 가스가사(春日寺) 석등은 일본에서 제일 많아서 2천 기를 헤아리는데 「가에이(嘉永) 대지진 기록」(『천리시사 사료편 2』)에는 서른한 개가 남고 나머지는 모두 부서졌다고 한 것으로 보아 나라에서는 석등이 거의 무너져내리는 진도 5 이상이었던 것이 틀림없다.

도다이지의 일기「도다이지 연중행사기(東大寺年中行事記)」를 보면 오전 2시에 대지진이 시작되자마자 바로 걷기가 힘들었다고 되어 있다. 걷기가 힘들 정도로 흔들려서 도다이지의 토담은 모두 무너지고 가이단인(戒壇院) 북문 같은 문들이 여러 곳 무너졌다. 이러한 점들을 고려하면 나라에서의 진동은 진도 5 이상에서 곳에 따라 6 이하였을 것으로 추정된다.

후루이치 마을의 비극은 산기슭에 계단식 밭처럼 저수지를 만들어 놓은 것이 원인이었다. 지진으로 심하게 흔들리면서 먼저 맨 위 저수지의 둑이 터졌다. 여기서 넘친 물이 아래 저수지로 쏟아져 들어가면서 아래쪽 저수지도 연쇄적으로 무너졌다. 불행하게도 후루이치 마을은 이들 저수지의 아래쪽에 사람들이 사는 마을이 형성되어 있었던 것이다.

> 후루이치 마을의 가옥은 130채가량이었다. 지진으로 집이 무너지면서 그 아래에 사람들이 깔려 있는 곳에 저수지 두 곳의 둑이 터지면서 저수지 물이 높이 2.4미터로 밀려와 인명 피해가 발생하여 68명이 죽었다(나라 현립 도서관, 『藤田祥光筆寫文書』).

후루이치 마을에는 쓰(津)번 도도(藤堂)가의 출장소인 집무소가 있었다. 후루이치 부교(奉行)로 상주하던 후카이라는 무사의 집도 참변을 당했다. 한밤중에 일어난 지진에 휩싸인 직후 집무소에 큰물이 밀어닥쳤다. 후카이 부부가 그 자리에서 죽고, 임신 중이던 며느리와 하녀도 즉사했는데 첩은 생명을 건졌다고 한다. 때마침 미에현 쓰에 나가 있던 아들만 살아남아 후카이 가문이 끊어지는 사태는 가까스로 면했다.

날이 밝으면서 후루이치 마을의 피해 상황이 나라(奈良)읍에 전해지자 주민들은 공포에 떨었다. 그날 도다이지 대불전 뒤편 대불 저수지도 둑이 무너질 위험이 있으니 물을 빼겠다는 주민의 요청이 들어오자 도다이지에서도 허락했다.

산기슭에 있는 저수지가 계단식으로 만들어져 있을 때, 맨 위의 둑이 터지면 도미노처럼 아래쪽 저수지까지 무너진다. 장마철에 지진이 나면 진도 5~6 정도에도 저수지가 무너져 처참한 피해를 볼 위험이 있다.

아래쪽에 주택이 있다면 저수지도 내진 진단을 할 필요가 있다는 것을 160년 전 후루이치 마을 사례가 우리에게 깨우쳐 주고 있다.

두 유학자의 교훈

지진이 났을 때 순간의 판단 착오로 생명을 잃은 역사가 있는가 하면 반대로 기민한 행동으로 생명을 건진 역사도 있다.

동일본대지진 때의 일이 떠올랐다. 당시 나도 미토(水戸)의 마을에서 매우 강한 여진을 직접 체험했다. 몸으로 감지할 수 있는 지진이 하루에 스무 차례가 넘다 보니 마치 배를 타고 있는 것처럼 느껴져서 이젠 안 흔들린다며 어머니와 얼굴을 마주 보았던 기억이 있다. 문득 후지타 도코(藤田東湖)의 무덤은 어찌 되었을지 신경이 쓰였다.

후지타 도코는 미토번의 학자로 막부 말기 일본인들에게 사상적으로 큰 영향을 준 인물이다. 도코를 만나본 사이고 다카모리(西郷隆盛)는 천하에 두려울 자가 없으나 단 한 사람 도코는 두렵다며 죽을 때까지 경애하였다.

도코는 1855년 에도 지진 때 압사했다. 도쿠가와의 최측근 세 가문 중 기이(紀伊)와 오와리(尾張)는 1등급지에 있는 저택을 할당받았다. 그러나 미토(水戸) 가문은 초대 요리후사(頼房)가 막내였는데, 처음에는 도쿠가와 성씨를 쓰는 것도 허용되지 않아 마쓰다이라(松平)라는 성을 썼다. 버릇이 없는 요리후사를 쇼군가에서도 경계했기 때문인지 저택도 바깥 해자 건너편 저지대에 있는 것을 주었다. 현재 도쿄돔 유원지가 있는 곳인데 지진이 나면 잘 흔들리고 건물이 무너졌다.

도코의 죽음은 안타깝다. 도코 일가는 진동을 느끼자마자 모두 마당으로 뛰쳐나왔다. 그런데 노모가 화롯불을 끄지 못하고 나왔다며 흔들리는 건물 안으로 들어가려 했다. 자기 가문에서 불이 나면 주군에게 면목이 없다<충>는 생각에서였는지 목숨을 걸고 뛰어 들어갔다. 도코는 어머니가 위험하다며 따라 들어갔다<효>. 그 와중에 건물이 무너졌고, 도코가 간신히 모친을 마당으로 나가게 했으나 자신은 무너진 문틀과 들보에 깔려서 죽었다.

동일본대지진에 뒤이은 여진이 아직 멎지 않은 상황이라 저녁 어둠을 뚫고 묘지에 들어가는 것은 위험했지만, 나는 도코 가족에게도 알리지 않고 혼자 미토시 도키와(常磐) 공유 묘지에 들어가 도코의 무덤을 발견하고는 깜짝 놀랐다. 도코 일가의 무덤은 지진으로 처참하게 부서져 차마 보기 어려운 모습이었다. 죽은 뒤까지도 지진 피해를 보는가 생각하니 서글픈 생각이 들었다.

도코가 압사하기 한 해 전인 1854년에 이가 우에노 지진이 발생했다. 그 지진 속에서 간신히 목숨을 건진 학자 가족의 사료를 발견했는데, 이카이 (猪飼)라고 하는 도도(藤堂)번 유학자의 집이다. 이카이 게이쇼(猪飼敬所)는 학자의 양대 반열에서 한쪽의 으뜸으로 여겨지던 유학의 대가였다. 그의 양자 이카이 사다키치(猪飼貞吉)가 지진 당시의 모습을 기록해 둔 것이다.

그에 따르면 지진이 일어난 것은 한밤중이었고 진도 6, 7의 격심한 진동이었다. 그러나 갑자기 지진이 난 것이 아니라 여러 날 전부터 간간이 흔들림이 있었다. 그래서였는지 이카이는 아내에게 한 가지를 일러두며 유사시에 대비하고 있었다.

> 우리 집에는 사내아이 둘이 있다. 큰아이가 아홉 살이고 작은아이는 (아직 어린) 세 살이다. 하인들이 없으니 평소에도 위급한 상황이 생기면 큰아이는 내가 안고 작은아이는 아내가 안고 피신한다.

이렇게 약속해 둔 것은 지혜로운 처사였다. 지진이 일어나자 이카이 부부는 재빨리 아이들을 보듬어 안았다.

> 아내가 작은아이를 안고 모기장을 빠져나가는 순간 잠자던 이부자리 위로 벽이 무너져 내렸고, 내가 아들을 안고 마루를 내려서자마자 벽과 목재같은 것들이 눈앞으로 무너져 내리는 바람에 그것들을 밟고 피신해야 했다.

그야말로 간발의 차로 "한 발만 늦었어도 죽음을 면키 어려운 상황에서 천우신조로 빠져나왔다."(「가에이(嘉永) 갑인 6월 지진기」, 니시오 시립도서관 이와세문고 소장)

충과 효에 충실하여 죽은 후지타(藤田), 부부가 함께 대비하여 목숨을 건진 이카이(猪飼). 두 집안의 역사는 우리에게 냉엄한 교훈을 남겨준다. 첫째, 지진이 나면 어떻게 할 것인지 평소에 가족 간에 의논이 되어 있는지 여부에 따라 생사가 엇갈린다. 둘째, 일단 빠져나온 뒤에는 물건을 챙기러 집 안에 들어가선 안 된다.

제5장 쓰나미에서 살아남는 지혜

1. 도쿠시마 쓰나미에서 살아남은 어머니

방재사를 연구하는 이유

처음으로 밝히는 사실인데 내가 이 책과 같은 방재사 관련 책을 쓰게 된데는 지극히 개인적인 사연이 있다.

우리 외가는 도쿠시마현 무기(牟岐)라는 곳인데, 그곳은 일본에서도 손꼽히는 상습 쓰나미 피해 지역이다. 대형 쓰나미가 여러 차례 왔고 그때마다 마을 사람들의 시체가 산을 이뤘다. 쓰나미를 피해 나온 사람들만 자손을 남길 수 있었던 곳이다. 나의 DNA 역시 엄청난 쓰나미를 헤치고 살아 나와서 남게 된 셈이다.

얼마 안 되는 기간이었지만 우리 어머니 쇼로 가즈코(正路和子)도 이곳 무기 마을에서 살았는데 1946년에 난카이 지진을 만나게 된다. 그때 어머니는 겨우 두 살이었다. 오카야마에 살고 있었는데, 여동생이 막 태어났던 터라 무기에 사는 조부모 집에 잠시 맡겨졌다. 공교롭게도 그때 대지진이 일어났고 어머니에게 남은 가장 오랜 기억은 이 지진 언저리에서부터 어렴풋이 시작된다. 두 살 때 일이라 기억이 잘 나지 않는다고 하는데 나중에 어른들에게 그때 일을 들었던 것 같다.

어머니 말씀으로는 아직 어둠이 가시지 않았을 때 진동을 느꼈다. 무기 마을 주민들은 지진이 나면 산으로 올라가라는 말을 대대로 들으며 살아왔다. 산으로 피하라는 한 마디에 가족 전체가 각기 뒷산으로 뛰어갔다. 그런데 산에 올라가서 보니 두 살 된 우리 어머니가 안 보이는 것이었다.

"가즈가 안 보이네?"

어른들의 얼굴이 새하얘졌다. 이때 쓰나미가 덮쳐 온 무기 마을에서는 가옥이 100채 넘게 떠내려갔고 사망자가 52명, 중상자가 9명 발생했다. 아기를 잃어버린 어른들의 얼굴이 사색이 되는 것은 당연했다.

그런데 뜻밖에도 어머니는 살아 있었다. 어찌 된 일인지 어른들보다 한 발 앞서서 혼자 산으로 뛰어 올라간 것이었다. 어린 다리로 용케 잘도 뛰어갔다는 생각이 드는데 어쨌든 두 살 먹은 어머니는 생글생글 웃는 얼굴로 산에서 이어지는 계단을 내려와 어른들에게 애교를 부렸다고 한다.

나는 어렸을 때부터 이 이야기를 수도 없이 들으며 자랐다. 모르긴 해도 내게는 어떤 혈통적, 가정적 배경이 있는 모양이다. 쓰나미를 빠져나온 조상들과 이어져 있어서인지 위험을 미리 알아채는 이야기에는 아무래도 관심이 끌리곤 한다.

『무사의 가계부』를 쓴 이소다 미치후미 씨가 무슨 일로 갑자기 방재사를 쓰기 시작했느냐는 질문을 자주 받곤 한다. 그런데 알고 보면 어느 날 갑자기 방재사를 시작한 것이 아니다. 나에게는 대학 1학년 때부터 지진과 쓰나미 관련 고문서를 볼 때마다 복사해서 파일로 만들어 두는 습관이 있었다. 그러다 동일본대지진을 목격한 뒤에는 모아놓은 재해 관련 고문서 지식을 내 머릿속에만 담아두어서는 안 되겠다는 생각이 들어서 공개하기 시작한 것이다.

그러고 보니 생각이 난다. 아직 지진 같은 것은 생각도 않고 있던 2006년, 어머니에게서 갑자기 전화가 왔는데 뜻밖의 내용이었다.

> "신문에서 봤는데 도쿠시마 시시쿠이(宍喰)초의 쓰나미 고문서를 현대어로 번역한 책이 자비 출판되었다고 하는구나. 주문할까?"

시시쿠이는 무기에 아주 가까운 곳이라서 나는 책을 주문해 읽어 보기로 마음먹었다. 보내온 책 제목은 『진조기(震潮記)』였는데 무기와 시시쿠이를 덮친 쓰나미에서 살아나온 사람의 이야기가 들어 있었다.

높은 데로―증조부 헤이키치의 결단

1946년, 우리 어머니와 증조할아버지는 도쿠시마의 무기라는 마을에서 난카이 쓰나미를 만났다. 어머니가 거기에서 살아남았기 때문에 지금 나와 이 책이 있다. 역사학자로서 나는 내 가족이 쓰나미에 휘말린 70년 전의 까마득한 기억을 퍼 올리기 위해 취재하기 시작했다.

당시 두 살에 불과했던 어머니에게는 단편적인 기억밖에 남아 있지 않다. 우리 가족이 겪은 재난의 역사가 시간과 공간 저편으로 사라져버린 것이 아닌가 했는데 당시 스물한 살이었던 큰어머니가 88세로 살아계셨고 큰어머니가 그날의 모습을 생생하게 말해 주셨다.

역사상의 재해를 보아 오면서 내가 특별히 주목한 것은 똑같은 재해를 당하더라도 피신하는 방식은 천차만별이라는 사실이다. 가족의 성격과 성장 과정, 가치관들이 그대로 피난에 영향을 미치고 피신 방식에 따라 생사가 엇갈린다. 자신의 가족과 관련된 일이라면 그러한 상황을 꽤 자세하게 되살려서 기술할 수 있을 것이다. 일반적인 서민들이 재난에 처했을 때 어떻게 피난했는가. 재난으로부터 피신하는 가족의 '소소한 역사'를 써 내려가 보려 한다.

1946년 12월 21일 새벽 4시 19분, 나의 증조부 쇼로 헤이키치(正路平吉)는 심한 흔들림 때문에 잠이 깼다. 쉰두 살이었던 증조부는 대가족 열 명을 거느린 강인한 가장이었다. 게다가 자신 외에 아홉 명 모두가 여성이었다. 여든 살인 장모에서부터 후일 내 어머니가 되는 두 살배기 손녀까지 있었다.

집은 바다에서 약 150미터 떨어진 해발 3.8미터 되는 곳에 있었다.

증조부가 이 바닷가에 살게 된 데는 사연이 있었다. 산촌에서 빈농의 아들로 태어난 증조부는 먼 곳에 뱃사람으로 팔려 가는 것이 싫어서 열 살 때 배 만드는 목수가 되겠다고 마음먹고 집을 나왔다. 여러 날 동안 산속을 헤맨 끝에 무기 마을에 다다르게 되었고, 피투성이가 된 발로 밤이 될 때까지 배 만드는 목수 집 문 앞에 주저앉아 버틴 끝에 허락을 받아 내어 이 마을에 정착하게 된 것이었다. 그 정도로 심지가 굳었기 때문이었는지 증조부는 솜씨 좋은 목수가 된다.

그리고 무기 아가씨라고 불리던 면장댁 미인 손녀와 신분을 뛰어넘는 사랑을 한다. 그 아가씨가 나의 증조할머니인데 매우 과단성이 있는 분이어서 어느 날 강에 빠진 사람을 보고는 다리에서 뛰어내려 구해 냈는데, 물에 젖은 몸의 아름다움에 마음을 빼앗긴 증조부가 열렬히 사모하게 되었고 둘의 결합을 부모가 반대하자 둘이 함께 오사카로 사랑의 도피행을 감행한다. 우리 할머니가 태어난 뒤에야 비로소 결혼이 허락되고 면장의 사위가 되었다. 그러나 미인박명인지 예쁜 아내가 일찍 죽고 처제와 재혼한 증조부는 남자 하나에 여자가 아홉 명인 집안의 가장이 된 것이었다.

증조부는 자립심이 강한 분이었다. 산간 마을에서 자랐기 때문에 쓰나미에 대해서는 잘 알지 못해도 집을 덮치는 쓰나미가 얼마나 무서운 것인지 들어서 알고 있었기 때문에 자신의 집은 특별히 튼튼하게 쓰나미 피난용으로 지었는데 3층이나 되는 건물이었다.

그러나 그날의 흔들림은 너무도 심했다. 큰일 나겠다고 생각한 증조부는 잠옷 차림인 여자들에게 옷을 갈아입고 지대가 높은 해장사(海藏寺)로 피신하라고 하고 아무것도 안 보이는 가운데에서도 누가 누구를 데리고 갈 것까지 정해 주었다.

두 살인 우리 어머니는 초등학교 6학년이던 데루코 고모가 데리고 가게 되었다. 그런데 집을 나서려고 보니 지진 때문에 문이 열리지 않았다. 그래도 다행히 쪽문이 달려 있어서 그곳으로 모두 빠져나왔다.

하룻밤을 지내더라도 피할 곳을 확인해 두라

무엇보다 이 지진은 안 좋은 시간대에 일어났다. 동지 가까운 12월 21일 오전 4시 19분, 옷을 입고 밖으로 나오긴 했으나 캄캄해서 아무것도 보이지 않았다. 해가 뜨는 것은 7시경, 초승달이 뜨기 이틀 전이라 달빛조차 없었다. 등불을 켜지 않고 일할 수 있는 새벽 어스름은 해 뜨기 30분 전이고 어둠이 가시기 시작하는 것은 해가 뜨기 1시간 반 전이기 때문에 5시 반까지는 그야말로 별빛밖에 없었다.

엄청난 흔들림이 있고 나서 간신히 집 밖으로 나온 일가족 10명은 지체 없이 해장사로 향했다. 어머니가 살던 도쿠시마현 무기 마을 주민들은 옛날부터 쓰나미를 겪어 왔기 때문에 어디로 피해야 하는지 알고 있었다. 무기강을 사이에 두고 동쪽 주민들은 해장사, 서쪽 주민들은 창수사(昌壽寺)로 피신하는 것이다. 동쪽에 살던 우리 어머니는 열두 살 고모를 따라 캄캄한 어둠을 뚫고 해장사를 향해 갔다.

어디로 피신할 것인지 가족들이 미리 정해 두는 것은 쓰나미 피난에서 가장 중요하다. 안타까운 것은 마을에 온 지 얼마 안 되어 지리를 잘 모르는 가족이었다. 무기 마을에서 펴낸 『남해도 지진 쓰나미 기록, 바다가 울부짖던 날』에 한 엄마가 전하는 애달픈 증언이 있다.

> 무기에 온 지 얼마 안 되는 데다 산촌에서 자라 쓰나미 같은 것은 머릿속에 없었습니다. (중략) 두 아이를 데리고 밖으로 나와 대문 근처에서 서성대고 있었어요. 그 사이에 바닷물이 밀려와 손잡고 있던 셋이 모두가 흩어져 파도 속에 빠져 버렸습니다.

날이 밝은 뒤에 아이 하나는 쓰레기 더미 아래서 사체로 발견되었다. 그 엄마는 사체를 붙들어 안고 "얼마나 추웠을까, 얼마나 무거웠을까" 하며 넋두리할 수밖에 없었다.

이 증언에서 두 가지 교훈을 얻을 수 있다. 안전한 피난처를 알고 있을 경우에는 "쓰나미 경보. ○○로 피난"이라고 피난 장소를 외치면서 뛰어갈 것. 또 쓰나미가 자주 오는 곳에 갈 때는 설사 하룻밤을 지내게 되더라도 꼭 높은 곳에 있는 피난 장소를 확인해 두어야 한다는 것이다.

우리 어머니의 피난 이야기로 되돌아가 보자. 높은 곳에 있는 해장사까지는 집에서 160미터 정도였지만 캄캄한 밤중인데다가 열두 살 소녀가 공포 속에서 두 살짜리 여자아이를 안았다가 손잡고 이끌었다 하며 가는 것이라 걸음이 더디었다.

덧붙이자면 동일본대지진 때 쓰나미를 피하는 평균 피난 속도는 초당

0.62미터, 분당 37미터였다. 건강한 노인과 군중은 1분에 60미터를 걷는다. 그러나 걷기에 어려움이 있는 사람이나 어린아이, 중증 환자는 1분에 30미터를 이동한다고 한다(소방청 국민보호 방재부 방재과, 「쓰나미 피난 대책 추진 매뉴얼 검토회 보고서」).

어머니를 포함한 가족 10명은 마을에서 제일 먼저 피난을 시작한 편에 속하는데, 어린애를 데리고 캄캄한 길 160미터를 걸어가는 데 4~5분이 걸렸다. 물건은 하나도 가지고 나오지 못했어도 옷을 입고 나오는 데 시간이 걸리는 바람에 지진이 난 지 10분가량이 지났다. 거기에다 해장사로 올라가는 계단에는 난간이 없었다. 전쟁 때문에 군인들이 쇠붙이를 공출하느라 군인들이 난간을 뜯어가 버린 것이었다.

그 계단을 여든 살 되신 우리 고조모가 비틀거리며 올라가려 할 때 사위인 우리 증조부가 처음으로 잘못된 판단을 한다. 메이지 시대에 태어난 증조부에게는 효도가 최우선이었다. 이 추위에 이불 없이는 장모님이 버티지 못한다고 생각한 증조부는 이불을 가져오기 위해 쓰나미가 밀려오고 있는 바닷가 집을 향해 달리기 시작한 것이다. 무기 마을에 첫 번째 쓰나미가 도달하기 불과 몇 분 전이었다. 나의 증조부는 그렇게 해서 큰 변을 당하게 된다.

아기를 위한 포대기 끈을 머리맡에

메이지 태생인 증조부에게는 부모에 대한 효도를 위해서는 목숨을 걸어야 하는 일이었다. 증조부는 바닷가 집으로 뛰어 들어가 이불을 들쳐메고 나오는 순간 쓰나미에 휩쓸렸다.

증조부는 1854년 안세이 쓰나미로부터 50년 뒤에 무기 마을에 왔고 그때 나이는 열 살이었다. 노인들에게서 지진 뒤에는 쓰나미가 온다는 말은 들었지만 지진이 있고 몇 분 뒤에 쓰나미가 오는지는 알지 못했다.

무기에서는 지진 발생 15분 뒤, 물이 조금 빠지면서 바닷물 높이가 내려가는가 싶더니 그다음에는 수위가 갑자기 올라가면서 약 5미터 높이 쓰나미가 밀려왔다(村上仁士,「무기의 지진 쓰나미」,『바다가 울부짖던 날』제5장). 말하자면 진동이 가라앉고 나서 10분 정도 있다가 쓰나미가 온 것이다.

증조부는 들쳐멘 이불을 길바닥에 내동댕이치고 뛰었다. 쓰나미에 쫓기면서 아직 날이 밝지 않은 어둠 속을 죽을힘을 다해 달렸다. 증조부의 집 앞길은 한 단이 낮아서 해발 3.6미터였고 가족들이 있는 해장사로 가는 길은 약간 오르막이었다. 50미터 더 가면 지면이 70센티미터가량 높은 해발 4.3미터가 된다. 5미터 높이 쓰나미는 해발 4.6미터 지점까지 올라오고 있었다. 이 작은 경사 앞쪽으로 가는 것만이 살 길이라는 생각으로 무작정 달렸다.

인간은 발이 쓰나미에 30센티미터 이상 잠기게 되면 움직일 수가 없어 피난을 할 수 없게 되고 1미터 이상 되는 쓰나미에 휘말리면 거의 모든 사람이 죽게 된다. 오늘날의 목조 가옥은 2미터 이상 침수되면 절반이 전파되고 3미터 이상이면 거의 전부가 전파된다(『난카이 해저구의 거대 지진 모델 검토회(제2차 보고)』). 전통 공법으로 건축된 목조 가옥은 현대의 목조 가옥보다 약하여 2미터 이상 물에 잠기면 유실되는 것으로 알려져 있다.

증조부는 쓰나미에 빠져 죽는 줄 알았는데 50미터를 더 가니 다행히 물

깊이가 30센티미터 못 되는 지점에 다다랐다. 필사적으로 달린 증조부는 죽음의 50미터 달리기에서 쓰나미를 앞지른다. 만약 증조부의 몸이 목수 일로 단련되어 강인하지 않았더라면 도저히 쓰나미를 피해 나오지 못했을 것이다. 마을에서 가장 먼저 피난을 떠난 것도 다행이었다. 여성이 아홉 명이나 되는 가족인 만큼 서둘러서 일찍 피했기에 망정이지 피난길을 늦게 출발한 데다 이불까지 가지러 갔더라면 살아남지 못했을 것이 분명하다.

그 후 우리 외가에서는 ① 쓰나미 때는 아무것도 들지 말고 피신한다. ② 일단 피신한 뒤에는 결코 물건을 가지러 가지 않는다. ③ 지진이 났을 때 집안에 갇히지 않도록 문에 쇠갈고리를 하나씩 비치하고 유사시 문을 부수는 방법을 아이들에게 가르치고 있다.

한편, 언덕 위에서는 아이들이 마른침을 삼키며 어둠 속에서 아래쪽을 지켜보며 기도하는 마음으로 부친이 살아오기를 기다리고 있었다. 이때 우리 가족은 쓰나미가 만들어낸 지옥을 보았다. 해장사 돌계단으로 사람들이 몰려와 산으로 올라갔다. 그런데 돌계단 가까운 곳까지 쓰나미가 왔다. 2014년 당시 88세이던 큰어머니의 증언이다.

> "누구 엄마인지 몰라도 아기를 보자기로 싸서 피난 가는데 아기가 보자기에서 빠져서 시커먼 쓰나미 속으로 빨려 들어갔다. 엄마와 아기가 파도에 이리저리 밀려다니는 것을 봤지."

쓰나미를 피해 피신할 때 어린아이가 있는 집에서는 앞으로 매는 띠가

생명줄이다. 지금은 등에 업는 띠와 겸용으로 만든 것이 많은데 항상 머리
맡에 두도록 하는 것이 좋겠다.

다섯 살 아이는 부모와 함께 피난 훈련을

'다섯 살짜리 아이는 쓰나미로부터 어떻게 피난해야 하는가' 하는 문제에
생각이 미쳤다.

우리 어머니가 난카이 쓰나미를 만난 것은 두 살 때인 1946년이었다. 그
때 쓰나미로 많은 어린아이가 목숨을 잃었다. 다섯 살 아래 어린이도 11명
이나 죽었는데, 한 살짜리가 2명, 두 살짜리가 3명, 세 살짜리가 1명, 네 살
짜리가 1명이었다. 다섯 살짜리 희생자는 4명이나 되었다. 노인 희생자도
많았지만, 초등학교에 입학하기 전인 어린아이들이 많이 죽은 것이다.

'쓰나미에서 자력으로 피신할 수 있는 나이는 몇 살부터일까' 하는 생각
이 들어서 조사해 보기로 했다. 무기 마을의 예를 보면 초등학교에 들어갈
나이인 여섯 살 이상 초등학생과 중학생 가운데에는 쓰나미를 피해 달아난
아이들이 많았다. 무기에서는 여섯 살에서 열다섯 살까지의 초·중학생 희생
자가 5명 발생했는데, 그 가운데 쓰나미를 피해 뛰어가다가 중간에 목숨을
잃은 아이는 2명이었다.

나머지 초·중학생 3명은 형제간이었는데 나름의 사정이 있어 쓰나미를
피해 달아나기를 포기하고 죽은 것이었다. 다섯 살까지의 어린아이와 달라
서 여섯 살 이상이 되면 혼자서 쓰나미로부터 달아나는 힘이 커진다. 실제

로 무기 마을 초·중학생들은 발 빠르게 뛰어 달아났고 초등학교 고학년은 다른 아이들을 도와주기까지 해서 노인에 비해 사망률이 훨씬 낮았다. 쓰나미 상황에서는 노인과 어린아이, 그리고 아기를 동반한 엄마가 피난 약자가 된다는 것이 역사가 남겨준 교훈이다.

특별한 사정 때문에 죽어갈 수밖에 없었던 앞의 삼형제가 맞은 마지막 순간이 마음에 걸린 나는 무기 마을에서 죽은 사람들의 마지막 모습을 취재하기 위해 한 사람씩 찾아다녔다.

나카야마 기요시(中山淸)라는 분은 마을 사람들이 두 번 다시 이런 일을 당하지 않게 하겠다는 결심으로 무기 마을 쓰나미 희생자들에 관해 소상하게 조사하고 있는 분이어서 그에게서 이야기를 들을 수 있었다. 나카야마 씨는 떠올리는 것조차 괴로운 이야기를 들려주었는데, 너무나 비참한 나머지 그날 저녁 나는 복통을 일으키고 말았다. 그럼에도 불구하고 여기에 기록으로 남기고자 한다.

이들 삼형제에게는 네 살 난 여동생이 있었다. 아버지는 병석에 누워 있었고 어머니는 임신 중이었다고 한다. 이웃 주민이 쓰나미가 온다고 하니 얼른 함께 도망가자고 하자, 형제의 할머니가 아들이 병으로 누워있는 데다 며느리도 배가 불러서 함께 갈 수 없다고 슬픈 기색으로 말하고는 집으로 들어가 피신하지 않고 있다가 가족 모두가 죽었다(『바다가 울부짖던 날』).

쓰나미 때는 제각각, 즉 각자 피신한다는 것이 피난의 철칙이다. 어떻게든 아이들만이라도 피신시킬 수는 없었던가 하고 마을 사람은 자기 일처럼 안타까워하며 눈물을 훔쳤다.

나카야마 씨는 무기 마을에서 누가 어떻게 죽었는지 자세히 말해 주었다. 자신이 늙었으니 지금 이야기해 두어야 한다며 힘주어 말했다. 역시나 바다에 가까워서 피난하기 어려운 곳에 사는 사람은 희생물이 될 가능성이 높았다. 남편이 배 타고 돈 벌러 가서 쓰나미의 위험을 모르고 있다가 피난이 늦어지는 바람에 죽은 사람도 있다고 한다. 엄마와 아이들만 있는 가정은 피난하기가 어려웠다.

무기 마을의 사망자 명단을 보면서 다섯 살 아이와 엄마가 익사한 경우가 두드러지게 많은 것을 알게 되었다. 1946년 당시 성인 여성의 평균 체격은 키 149센티미터, 몸무게 49킬로그램이었다. 당시 다섯 살 아이의 평균 체중이 17.5킬로그램이라 엄마가 안고 뛰기에는 부담이 컸다. 체중은 무거운데도 아직 어려서 손이 많이 가는 것이 네댓 살 아이들이다. 끝까지 아이를 버리지 않고 함께 저세상으로 간 엄마의 마음을 생각하니 가슴이 아리다.

네댓 살 아이들에 대한 쓰나미 피난 훈련은 특히 중요하다. 피난 갈 높은 곳까지 아이와 함께 연습 삼아 밤에 산책을 하는 것도 좋겠다.

극한상황에서 보인 따뜻함

극한상황에서도 인간에 대한 따뜻한 마음을 잃지 않는다는 것은 귀한 일이다. 난카이 쓰나미 때 두 살이었던 우리 어머니는 초등학교 6학년이던 고모의 손에 이끌려 피신했다. 성인 걸음으로 230보 앞에 있는 해장사로 가는 길 중간에서 두 사람은 서로 떨어지게 되었다. 고모가 65계단인 절 계단까지 왔을 때 뒤를 돌아보니 살려 달라고 외치는 아이들이 여럿 떠내려가고 있었다. 큰일 났다고 생각한 고모는 반쯤 정신이 나간 상태가 되어 자기 때문에 조카가 죽었다며 울었다.

그런데 어스름하게 날이 밝기 시작했을 때 기적이 일어났다. 나중에 나는 할머니가 된 고모에게서 직접 이야기를 들었다.

> "아이고 가즈가 말여, 돌계단 위쪽에서 생글생글 웃음서 내려오더라니께. 나보다도 앞서서 올라갔던 모양이여. 얼매나 이뻤는지 몰라."

남녘 태생답게 대범한 말투였다. 반세기나 지난 일이지만, 이제 잘 보이지도 않는 고모의 눈에 또다시 눈물이 고이던 것이 생각난다.

그러나 자식을 잃은 엄마도 있었다. 무기에서 편찬한 『바다가 울부짖던 날』에 당시 스물여덟 살이었던 한 엄마의 회상이 있다. 그녀는 피난하기가 제일 어려운 강가의 무기항에 살았다. 지진이 있고 나서 정신을 차려 보니 이미 바닷물이 길에까지 차올라 있었다. 쓰나미를 직감하고 남편에게 피신하자고 말했다. 남편이 다섯 살과 세 살 된 딸들 손을 이끌고, 그녀는 한 살배기 딸 마사미를 검정색 띠로 감싸서 업었다.

그러다 중간에 쓰나미에 휘말렸다. 가슴까지 물에 잠기자 등에 업은 아이를 꽉 누른 채 죽을힘을 다해 전봇대를 붙잡기도 하고 남의 집으로 피해 들어가기도 하는 동안 남편과 떨어지게 되었고, 높은 곳으로 피하려고 개

울에 놓인 다리를 건너려 할 때 급기야 쓰나미에 몸이 밀려 올라가면서 제재소에서 떠내려온 재목에 잠옷이 끼어 물속에서 허우적거렸다. 사람 살리라고 정신없이 소리치는데 다행히 함께 피난하던 사람이 듣고 재목을 치워주었다.

어찌어찌 기다시피 해서 간신히 올라갔는데 등에 업었던 아이는 없고 검은 띠만 무정하게 어깨에서 늘어져 있었다. 그녀는 딸의 이름을 애타게 불러댔다. 정신이 나가버린 그녀를 누군가가 안고 대피소인 스기오(杉王) 신사로 데려갔다. 엄동설한 12월의 쓰나미. 자식을 잃은 데다 물에 흠뻑 젖은 그녀에게 누군가가 말을 건넸다.

"춥제라우, 이불 속으로 들어가구랴."

나는 역사가로서 이때의 대화를 후세에 전하고 싶다. 그녀는 이렇게 말했다.

"흠빡 젖어서 더러워질 것인디요."

극한상황에서도 이 얼마나 인간에 대한 따뜻함이 배어 있는 마음인가. 대피소에는 이불이 적기 때문에 귀중한 물건이었다. 대피소에서는 말만으로는 해결되지 않는 일들이 얼마든지 생긴다. 그러나 따뜻한 마음은 확실히 사람에게 살아갈 힘을 준다. 그녀를 걱정하는 사람이 "괜찮혀. 더러워지든 빨면 되제."라며 이불을 포개서 권했고 그녀의 몸은 따뜻함으로 감싸였다. 그로부터 50년이 지나 일흔여덟 살이 된 그녀가 꺼낸 말이다.

"그분의 호의가 그때 나에게 얼마나 고마웠던지."
"죽은 아이는 그때 그 나이로 지금도 내 가슴 속에 살아 있어."

쓰나미가 밀려오는 강은 저승의 강이라고 생각하라

쓰나미가 빠져나간 뒤 우리 어머니의 가족은 높은 지대에 있는 해장사에서 내려와 집으로 돌아가 보았다. 집 앞 도로 위에 노를 저어 가는 큼직한 전통 배가 가로놓여 있는 것을 보고 놀랐는데 다행히도 집은 그대로 있었다. 배 만드는 목수가 튼튼하게 지은 것이라서 무사했던 것이다. 그런데 안으로 들어가 보니 다다미 위에까지 물이 들어왔고 1층에는 드럼통에서 흘러나온 중유와 펄 흙이 뒤범벅된 상태라 그대로는 살 수가 없었다.

1854년 난카이 쓰나미 이후에 무기 마을 포구에는 바다 쪽으로 둑을 쌓았었는데 생활하는 데 불편이 있다는 모두의 의견에 따라 없애버린 것이 안 좋은 결과를 가져왔다(『바다가 울부짖던 날』 20쪽). 무기 마을을 취재하는 동안 "방조 제방이 있는 집은 반만 부서진 곳도 있지만, 제방을 없애버린 집은 완전히 부서지기 쉬웠다."라는 말을 들었다.

방조제가 파도를 완전히 막지는 못하더라도 쓰나미의 힘을 감소시키는 효과가 있다. 평상시 번거롭다고 설치하지 않거나 철거해 버리고 나면 나중에 반드시 후회하게 된다.

살아남은 사람들은 많은 교훈을 얻었다. 뭐니 뭐니 해도 가장 큰 교훈은 역시 쓰나미 때 금품에 집착하면 안 된다는 것이었다. 살아남은 무기 마을 주민 한 사람이 안타까운 듯이 말했다.

"전쟁이 끝난 바로 뒤라 먹을 것이 귀한 때였지요. 쓰나미에 쌀이 떠내려갈까 봐 2층에다 올려놓으려던 집들도 있어서 죽는 사람이 생겼습니다."

쓰나미 때는 입은 옷 그대로 피하든지, 겹쳐 입고 피하는 수밖에 없다. 무기 마을에서 이 쓰나미를 만난 큰어머니는 당시 스물한 살이었는데, 쓰나미 때문에 굶주린 기억은 없다고 한다.

패전 후의 식량난에도 불구하고 피난 간 절에서 주는 주먹밥을 먹었다는 증언도 있다. 큰어머니 말로는 12월 엄동설한에 온 쓰나미였기에 먹는 것보다 오히려 입을 것이 귀해서 군에 갔다 온 사람들이 군용 담요를 주면 그것으로 걸칠 옷을 만들어 추위를 견뎠다고 한다.

이 쓰나미에서 살아난 무기 마을 나카야마 씨가 하는 이야기를 들으면서 나는 인간의 생명에 대한 큰 깨달음을 얻게 되었는데, 그것은 쓰나미 때는 가능한 한 강이나 다리에 가까이 가지 말라는 것이었다. 무기 마을에서 사망자가 집중적으로 발생한 곳은 마을의 동쪽이었다. 그곳에서 지대가 높은 해장사까지는 280미터로 먼 거리였기 때문에 주민들은 일출교라는 다리를 건너서 150미터쯤 앞에 있는 가까운 사당으로 피신하려 했다.

그러나 하천을 따라 올라오는 쓰나미의 속도는 빨랐다. 하구 부근에서는 시속 30킬로미터(초속 8.3미터)가 넘으므로 육지에서보다 두세 배 빠르다. 강을 건너서 피하려다가 미처 피하기도 전에 강을 거슬러 빠르게 올라오는 쓰나미에 휩쓸린 사람도 있었던 모양이다. 그 와중에도 운 좋게 살아난 사람들은 강 가까이로 가지 않고 뒤에서 밀려오는 물살에 쫓기며 해장사로 달려간 사람들이었다(같은 책 21쪽).

육지를 따라 올라오는 쓰나미가 어떤 때는 시속 10킬로미터(초속 2.8미터)까지 속도가 떨어지기도 한 덕에 피신에 성공한 사람도 있다. 쓰나미가 도달하기까지 시간이 충분히 있다면 모르지만, 대개는 강을 건너서 높은 곳으로 피하려는 행동은 위험하므로 삼가는 것이 좋다.

강을 건너야만 높은 지대로 갈 수 있는 곳에 사는 사람들이 피난하는 길을 찾기가 쉽지는 않지만 그렇다고 가까운 길로 가겠다고 다리를 건너려 하면 안 된다. 쓰나미 때의 강은 그야말로 저승으로 가는 강이 될 수 있다.

2. 지진의 전조를 파악하라

우물물이 마르면 쓰나미가 온다

조상들의 지혜를 가볍게 보면 안 된다. 우리 어머니가 겪은 재난을 바탕으로 한 1946년 난카이 쓰나미 이야기를 아사히신문에 기고했더니 독자들이 많은 편지를 보내주었다. 그 대부분이 어머니가 살았던 도쿠시마현 무기 마을과 거기에 가까운 마을 출신 분들이 보내준 것이었는데, "나도 똑같은 일을 겪었다", "선생님이 글로 후세에 전해 주기 바란다."라는 등 격려하는 내용이었다.

그 가운데 한 통이 특히 가슴에 남아 있다. 아홉 살 때 그 난카이 쓰나미를 겪었다는 여성이 보내 준 편지였다. 현재는 수도권에 살고 있다는 그 여성은 대학교수로 긴 기간 봉직했다고 했고, 글에서도 성실한 인품이 풍겼다. 깔끔한 필체로 나에게 한 가지 말해 주고 싶은 것이 있다고 했다.

편지에는 초등학교 교장을 지낸 할아버지가 난카이 지진이 일어난 바로 뒤에 부엌 바닥에 있는 두레박으로 퍼 올리는 우물을 들여다보더니 "물이 빠져나갔다. 쓰나미가 올 테니 피해라."라고 소리쳤고, 잠옷 바람으로 남동생들과 함께 뒤쪽 절이 있는 산으로 뛰어 올라갔었다는 이야기가 쓰여 있었다. 그리고 이렇게 강조하였다.

> "말씀드리고 싶은 것은 '우물물이 마르면 쓰나미가 온다.'라고 하는 옛말을 1879년생인 할아버지가 알고 있었다는 것, 그리고 당시 실제로 우물물이 빠져나간 사실이 있었다는 것입니다."

편지는 이 부분에 정성스럽게 빨간 줄을 긋고, 무기 가까운 마을에 있었던 집 위치까지 그려서 보내온 것이었다. 희생자가 한 사람이라도 적게 나오기를 바라는, 쓰나미에서 살아난 분의 마음이 절절하게 와 닿았다.

난카이 지진이 있기 전에 우물물이 말랐다, 줄었다는 증언은 고문서에도 있다.

고치현 도사시미즈(土佐淸水)시 나카노하마(中浜)는 존 만지로(ジョン万次郎)가 태어난 마을인데 만지로와 같은 세대로 이 마을에서 태어난 이케미치노스케(池道之助)라는 남성은 난카이 지진 때 "대지진이 나기 전에 우물물이 갑자기 줄어드는데, 그렇지 않은 우물은 물이 탁해진다. 지진으로 많이 흔들릴 때는 우물을 보라."라고 기록하였다(「자료와 증언으로 보는 난카이 지진 전 우물물 마름 및 이상 조수위」, 『교토대학 방재연구소 연보』 제48호).

예전에 나는 NHK의 'BS역사관'이라는 프로그램에서 와카야마현 히로카와초에서 쓰나미 방재를 위해 활약했던 하마구치(浜口梧陵)를 소개한 적이 있다. '이나무라의 불'(稲むらの火, 1937~1947년 사이에 일본의 국어교과서에 실린 이야기-역자)로 알려진 하마구치는 신속하고 적절하게 피난을 유도하여 마을 주민의 90퍼센트를 난카이 쓰나미에서 구했는데, 맨 처음 이변을 알아챈 것도 우물물이 내려간 것을 보았기 때문이었다.

하마구치의 수기 '안세이 원년 쓰나미 실황'에 따르면, 마을 주민 두 명이 달려와서 우물물이 많이 줄어들었다는 말을 하자 하마구치가 지변이 있을 것을 걱정했는데, 우려한 대로 대지진이 일어났다고 한다.

무기 마을에서도 증언이 있다. 난카이 지진 당시 스물한 살이던 한 여성은 우물물이 줄어들면 쓰나미가 온다고 옛사람들이 했다는 말을 할아버지에게 들은 적이 있던 터라 진동이 잦아든 뒤 우물물을 살폈다(『바다가 울부짖던 날』 77쪽).

또한 당시 스물네 살로 마을의 청년 단장이던 여성은 "저녁때 동네 아줌

마들이 두레박으로 우물물을 길으려는데 두레박이 우물 바닥의 돌에 닿는 소리가 달각달각 나면서 물을 길어 올릴 수 없을 정도로 우물물이 줄어 있었습니다.”라고 회상하였다.(같은 책 62쪽)

난카이 지진이 일어나기 전에 우물물이 마르거나 줄어든 이유는 무엇일까? 그에 대해 과학적으로 설명한 것도 있는 것을 보면 우물물을 살피는 것도 허투루 볼 것이 아닌 모양이다.

지진의 전조를 알아채게 하는 전승

해저구에서 발생하는 지진과 같은 형태의 지진이 일어나기 며칠 전에 지진의 전조가 되는 지반의 융기와 침강, 그리고 늘어나고 줄어듦이 있는지 여부에 대한 논의가 있는데, 고문서에서는 그러한 현상이 있을 가능성을 보여주는 것 같다.

지진이 일어나기 전에 우물물이 마르는 메커니즘에 대해서는 교토대학 방재연구소 교수였던 우메다 야스히로(梅田康弘)의 ‘난카이 지진 전 우물물 감소에 대하여’에서 다음과 같이 설명하고 있다.

지진이 발생하기 며칠 전에 지반이 융기하면 지하에 있는 담수가 산에서 바다 쪽으로 흘러가면서 지하수위가 내려간다. 지하수위가 유지되려면 계산상 “융기하여 올라간 것보다 40배 높이의 담수가 아래에서 받쳐 주어야 한다.”

이 메커니즘으로 우물물이 마르는 현상이 일어나는 것이라면 지진의 전조를 미리 알고자 하는 우리에게는 고마운 일이다. 예를 들어 지진 발생 수일 전에 지반이 3센티미터 융기했다고 하자. 3센티미터의 40배이므로 조건에 따라서는 지하수위가 120센티미터 가까이 내려가는 곳이 있다 해도 이상할 것이 없다. 이렇게 되면 삼면이 산으로 둘러싸인 항구 마을의 산 근처에 있는 우물 가운데 물이 마르는 곳도 있을 것이다. 물론 모든 우물에 변화가 일어나는 것은 아니다. 큰 하천 옆이어서 복류수가 풍부한 우물이나 바다와 가깝거나 깊은 우물에는 이상이 나타나지 않는다.

옛날 사람들이 이와 같은 과학적 메커니즘까지는 몰랐더라도, 경험을 통해서 난카이 해저구 대지진이 일어나기 전에 우물물에 변화가 생긴다는 것을 알고 있었다. 우리 외가가 조상 대대로 살아 온 도쿠시마현 무기 마을에도 그러한 증거가 있는데, 무기 마을 동쪽 바닷가에 살았던 쓰다야 기우에몬(津田屋喜右衛門)이라는 사람이 남긴 「지진 쓰나미 가영록」이라는 기록이 그것이다. 그는 1854년 난카이 지진이 있기 직전에 "새벽녘까지 34번이나 지진이 나서 우물을 살피러 여러 번 가 보았으나 조금도 변화가 없고"라고 기록하였다(『신수 일본지진사료』 제5권, 별권 5-2).

난카이 지진은 이른바 쌍둥이 지진이어서 이 지진이 일어나기 32시간 전에 도카이 지진이 발생했다. 그 본진과 여진의 진동이 무기 마을까지 전해져서 쓰다야는 불길한 생각이 들었던 모양이다. 그래서 즉시 우물물을 살폈는데 결과는 이상이 없었다는 것이다. 막부 말기에 지진의 공포를 느낀 보통 사람이 반사적으로 우물을 들여다보았다는 사실은 주목할 만하다.

당시 고치에 살았던 시부야 시게요시(渋谷茂好)도 지진이 났을 때 유의할 점을 들었는데, "우물물이 흐려지면 조심하라. 지진이 나면 우물물이 마른다. 대지진 때는 화재가 일어난다고 기록하고 있다."(앞의 책). 또한 고치 현립도서관에 소장된 「대변기(大變記)」라는 고문서에는 난카이 지진 전후 고치 평야의 우물물 변화에 대해 다음과 같이 기록되어 있다.

옛사람들 말에 쓰나미가 들어오기 2, 3일 전에 우물물이 마른다고 했는데, 이번 쓰나미 때는 기시모토(岸本)와 아카오카(赤岡)의 우물물에 변화가 없었다. 이웃 마을에는 쓰나미가 들어온 뒤에 우물물이 빠져나가 버린 곳도 있었다. 또한 지진이 있고 2, 3일 지나서 마른 우물도 있었다. 그리고 보니 쓰나미가 오기 2, 3일 전에 마른 곳도 있긴 했다.

도사 나카하마의 이케미치노스케(池道之助)가 "대지진 전에는 우물물이 갑자기 마른다."라고 기록한 것을 소개한 바 있는데, 이러한 기술을 남겼다는 것은 과거에 시코쿠에서는 대지진이 발생하기 전에 우물물이 마르는 경우가 여러 번 있었고, 그 경험이 전해 내려온 결과를 반증하는 것으로 보인다. 예상 진원 지역의 지반을 정밀하게 관측하여 징후를 놓치지 말아야 할 것이다.

만주에서 돌아온 한 남자의 이야기

1946년 난카이 지진이 일어나기 하루 전의 일이다. 도쿠시마현 무기역에 한 남자가 기차에서 내렸다. 만주에 살았던 이 남자는 전쟁이 끝나자 직장을 잃었고 생선 뒷거래를 해 보려고 이 바닷가 마을로 온 것이었다. 놀라우리만치 언변이 좋았던 그는 생면부지인 마을 사람들에게 만주 이야기를 재미나게 들려주고 담배를 얻어 피우곤 했다.

사람 좋아 보이는 남자가 무기역 개찰구에서 이 남자를 큰 소리로 불렀다. 자전거포 주인인 이 남자는 말솜씨 좋은 그 남자를 마중 나온 것 같았다. 두 사람은 무기역에서 버스를 탔고, 두 사람을 태운 버스는 우리 할머니 사촌의 집이 있는 지금의 무기 경찰서 앞을 지나 산뜻한 바다 옆을 달리고 있었다.

도모오쿠(鞆奧)의 미나미 여관에 도착한 두 사람은 3층 방으로 안내받아 들어갔고 그곳에서 생선 거래에 관한 이야기를 할 예정이었다. 여관에서 나온 식사는 오징어회였다.

그런데 이상한 일이 생겼다. 여관 여주인이 오징어회를 준비하려고 우물에서 오징어를 씻는데 물이 흐렸다. 오징어 먹물이 들어가서 그런가 싶어 100미터쯤 떨어진 우물로 물을 길으러 갔는데 그곳 물도 흐렸다. 별일도 다 있다 생각하면서 할 수 없이 흐린 물로 오징어를 씻었다.

그런 일이 있었다는 것을 알 리 없는 남자는 한 되들이 술이 3병이나 나온 것을 보고 마냥 기분이 좋아서 갑오징어회와 소금구이한 돔을 맛있게 먹었다. 자전거포 아저씨를 여관으로 불러 생선을 뒤로 빼돌려 달라는 이야기를 마무리 짓고 나서 만취한 채로 잠이 들었다. 자전거포 주인도 그날 밤 도모오쿠에서 잤다. 난리가 난 것은 새벽녘이었다. 남자는 나중에 다음과 같은 기록을 하였다.

자고 있던 내 머리로 알 수 없는 물건이 떨어지는 바람에 눈을 떴다. 지진이다! 들보가 소름 끼치는 소리를 내며 삐걱거리면서 집이 금방이라도 무너질 것 같다. 캄캄한 데서 나는 죽음을 기다렸다.

그러면서도 남자는 버텼다. "누구 없소?"라고 소리치며 3층에서 출입문까지 죽을힘을 다해 뛰어 내려왔다. 피투성이가 되어 맨발로 밖으로 나오다가 허리를 삐끗했다. "쓰나미다! 산으로 피하라!"라는 소리가 들렸다. 그러나 깜깜한 밤중이라 남자는 산이 어느 쪽에 있는지 몰랐다. 허리를 다쳐 걷지는 못했지만 말을 잘할 수 있는 것이 그나마 다행이었다. 산이 어디냐고 소리치는 남자를 누군가가 뒤에서 덥석 안고 산으로 뛰었다.

다음 날 아침에 남자는 자전거포 주인과 함께 서둘러 자전거포로 갔다. 자전거포 주인은 처자를 옆 마을로 보내 놓고 남자와 함께 있었던 것이었다.

자전거포 남자의 집은 쓰나미에 쓸려가고 없었다. 지대가 높아서 대피소가 된 신사로 가니 신사 건물 안에서 자전거포 아이들 여섯 명이 오종종하게 나왔다. 엄마는 어디 있느냐고 물으니 함께 빠져나왔는데 돈을 가져오려고 들어갔다가 돌아오지 않았다고 말하는 가여운 사내아이의 볼 위로 닭똥 같은 눈물이 흘러내렸다.

자전거포 주인과 남자는 진흙밭이 되어버린 그 일대를 찾아 헤맨 지 한 시간 만에 자전거포 주인의 아내를 찾아냈는데, 논에 서 있는 뽕나무에 걸려 참혹한 모습이었다. 얼굴에서 진흙 같은 것을 닦아내고 머리를 감긴 뒤에 몸에 두른 허리띠를 끌러보니 속에서 지갑이 나왔다. 남자는 자기가 자전거포 주인을 불러내는 바람에 그가 아내를 잃었다며 말을 잇지 못하고 눈물만 흘렸다.

나중에 배우로 성공하여 문화훈장까지 받게 되는 이 남자의 이름은 모리시게 히사야(森繁久彌)이다. 장수한 그는 『모리시게 자서전(森繁自伝)』에 이 이야기를 기록해 두었다.

물이 빠져나가기 전에 탈출하라

1946년 도쿠시마 카이요초(海陽町)에서 난카이 지진 쓰나미를 겪은 모리시게 히사야는 뛰어난 이야기꾼이기도 했던 만큼 이 쓰나미에 대해 직접 체험한 사람 아니면 할 수 없는 귀중한 증언과 교훈을 남겼다.

첫째는 쓰나미가 빠져나갈 때의 무시무시함이다.

쓰나미는 먼저 2미터쯤 되는 물살이 밀려오면서 삽시간에 출입구와 창으로 물이 들어온다. 그리고 다다미와 옷장이 물에 떠오르고 그다음에는 문틀 가까이까지 올라왔는가 싶은 순간, 들어올 때보다 더 빠른 속도로 쏴악 빠져나간다. 그 빠져나가는 힘이 들어올 때의 몇 배인가에 따라 사방 벽까지 쓸어가 버린다.

첫 번째 파도보다도 두 번째와 세 번째 파도가 더 큰 경우가 많다. 이렇게 들어오는 파도와 나가는 파도가 반복되면 일본 집들은 골조가 산산조각이 나면서 지붕이 무너져 내린다. 몇 번이고 이렇게 하다 보면 지붕도 옷장도 기둥도 남김없이 휩쓸려 나가서 마치 불도저로 땅을 고른 것같이 아무것도 없는 평지가 되고 만다.

이것이 쓰나미라, 들어올 때는 그렇다 치고 빠져나갈 때의 힘은 아무리 단단한 것이라 해도 버틸 재간이 없다.

해수욕장에서 파도가 밀려오는 곳에 서 있어 보면 물이 빠져나갈 때 발밑의 모래가 허물어지면서 비틀거리게 되는 경우가 있는데, '그 무시무시한 것'이라는 것이 모리시게가 말하는 쓰나미가 빠질 때의 공포스러움이다.

이 증언에서 하나의 교훈을 얻을 수 있다. 설령 미처 쓰나미를 피하지 못해 물에 빠지게 되더라도 허둥대지 말아야 한다는 것이다. 쓰나미에 빠지는 초기 단계의 시간이 소중하다는 것을 알 수 있는데, 이때가 오히려 탈출할 기회라 생각하여 포기하지 말고 쓰나미의 부력을 이용해 탈출할 궁리를 해야 한다.

몸이 물에 빠지면 부력 때문에 몸이 뜬다. 부력을 이용하여 건물 높은 곳으로 올라간다든지 떠다니는 물체 위로 올라간다든지 떠내려가지 않을 만한 물체를 붙들거나 해서 첫 번째 쓰나미가 밀려올 때 정신 차리고 냉정하게 조금이라도 더 안전한 장소로 이동할 궁리를 하면서 버티는 것이 중요하다. 일단 물이 빠져나가기 시작하면 상황이 더 악화되기 때문이다.

두 번째로, 모리시게는 묘한 증언을 하고 있다.

생각해 보니 그날 밤, 술자리가 한창일 때 몇 번인가 땅이 울리는 것 같은 걸 느꼈다. 지진 아니냐고 내가 두어 차례 물었던 기억이 있는데, 그건 바다가 우는 것이라며 대수롭지 않게 말하는 것을 듣고 별로 신경 쓰지 않았었다. 그러나 전조 증상은 그렇게 분명히 있었던 것이다(『모리시게 자서전』).

1946년 난카이 지진 때 전조 지진이 있었는지의 여부에 대해서는 오랜 논쟁이 있다. 지금까지 전진으로 간주되어 온 난카이 지진 발생 2시간 전의 지진은 데이터상의 착오였고, 당시 지진에 앞서 큰 규모의 전진은 없었던 것으로 알려져 있다[우쓰 도쿠지(宇津德治), 「1946년 난카이 지진의 전진으로 간주된 지진에 대하여」, 『지진』 제2집 47권].

그러나 동일본대지진을 일으킨 동북 지방 태평양 먼바다 지진 때는 진원 부근에서 전진으로 보이는 지진 활동이 여러 차례 관측되었다. 오늘날은 지진 관측 정확도가 높아져서 미세한 지진까지 포착할 수 있다.

난카이 지진이 일어나던 날 밤, 모리시게는 목조 건물 3층에 있었다. 소리와 진동을 잘 감지할 수 있는 곳이었다. 당시 도쿠시마 지방 기상대의 지진계가 포착하지 못한 미세 지진을 예민한 모리시게가 감지했던 것일까?

모리시게가 묵었던 곳 가까운 무기 마을의 증언집 『바다가 울부짖던 날』에는 전진을 시사하는 기술이 없다. 문화훈장을 받은 이 국민 배우의 초인적인 감성이 난카이 해저구 지진의 전진을 감지해 냈던 것인지 지금으로서는 알 수 없다.

제6장 동일본대지진의 교훈

1. 미나미산리쿠초를 걸으며 알게 된 것

신사는 왜 쓸려가지 않았는가

2013년 봄, 미야기현 미나미산리쿠(南三陸)에 갔다. 동일본대지진 당시 쓰나미가 남긴 흔적을 확인하기 위해서였다. 거대한 흰 건물은 베이사이드 아레나이다. 5백 구 이상의 유해를 안치한 그 하얀 상자가 보이는 유치원에서 원아들과 함께 달리기를 했다.

그런데 문득 누군가가 쳐다보고 있는 느낌이 들었다. 나와 비슷한 연배의 남성이었다. 내가 아는 체를 하자 말없이 명함을 내밀었다. 오카와(大川) 초등학교 유가족이라고 찍혀 있었다. 명함에 자기 이름과 죽은 아이의 이름이 들어 있고, 아이 이름 옆에 (5학년)이라고 괄호를 해 두었다. 나는 "아, 네에" 하며 머뭇거리다가 뭐라도 말을 해야겠다는 생각이 들어서 입을 열었다.

"시즈오카에서 왔습니다. 언젠가 올지 모르는 태평양 지진에 대비하여 역사적으로 쓰나미가 어디까지 왔었는지 조사하고 있습니다. 신사가 침수되었는지 여부에 관련된 옛 기록이 단서가 되기 때문에 이번 지진 때 미나미산리쿠초에 있는 신사는 어땠는지 알아보러 다니고 있습니다. 쓰나미가 신사 바로 앞까지 다 와서 멈춘 곳이 많은 것 같던데요."

그러자 아이 아버지는 더듬거리며 말했다.

"이 일대에서 쓰나미에 쓸려나간 신사는 세 곳뿐이라더군요."

실제로 그랬다. 바닷가에 있는 아라사와(荒澤) 신사는 이 일대에서 가장 오래된 신사인데 신체를 모신 곳 바로 앞에서 쓰나미가 딱 멈췄다. 869년 조간(貞觀) 쓰나미 무렵에 세워졌는데, 1611년 산리쿠 쓰나미 때도 피해가 없었다. 이번 쓰나미 때 표고 12미터인 도리이(鳥居)는 거의 물에 잠겼다. 도리이 옆 표고 14미터인 신관 사택도 방바닥 위로 1.5미터까지 침수되었고 표고 14.5미터인 본전도 바닥에서 1미터까지 물이 들어왔으나, 대 위의 신체는 젖지 않았다[신사의 엔도 요시오(遠藤芳男) 씨]. 16미터급 쓰나미였음을 알 수 있다.

쓰나미가 올 때마다 피해를 보는 지역에 있기 때문에 여러 차례 피해를 본 오래된 신사들은 적합한 위치를 잘 알아서 그러한 곳에 신사를 세운 것이다. 가까운 가미노야마하치만구(上山八幡宮)의 여성 신관 구도 마유미(工藤眞弓) 씨가 알려 주었다.

"저의 친정인 가미노야마하치만구는 원래 방재 청사 근처에 있었어요. 그런데 칠레 지진 쓰나미(1960년) 때 피해를 보아서 지금 있는 높은 지대로 이전했죠. 그 덕에 이번에는 무사했습니다."

가미노야마하치만구는 여러 차례 이전하였다. 처음에는 더 높은 곳에 있었는데 1800년경 방재 청사 근방으로 옮겼다. 엔도 미키(遠藤未希) 씨가 피난하라고 끝까지 외치다 죽고, 면장 등이 옥상 철탑 손잡이에 매달려 있다가 목숨을 건진 바로 그 3층 건물 옆이다. 표고 1미터가 채 안 되는 곳인데, 이름까지도 소금이 든다는 의미의 '시오이리(塩入)'이다. 에도시대에는 쓰나미와 해일로 피해를 본 것을 시오이리라고 했다. 쓰나미 피해가 반복되는 곳을 시오이리 또는 시오이리 논이라고 하는 것을 여러 곳 보았다. 시오이리라는 지명이 붙은 곳에 방재 청사를 지으면 안 되는 것이었다.

칠레 지진 쓰나미 때 시오이리에 있었던 가미노야마하치만구는 4미터에 달하는 쓰나미로 배례전과 신사 사무실이 침수되고 경내에 있는 수목들이 모두 고사했다. 그 후 해일로 피해를 보기도 한 끝에 표고 19미터 고지대로 이전했기에 이번 쓰나미에는 무사할 수 있었다.

"신사 돌계단 위 도리이에까지 쓰나미가 올라온 신사들이 많았는데 우리 신사도 마찬가지였습니다. 옛사람들은 쓰나미가 차오른 지점을 도리이로 표시했었나 하며 저희들끼리 이야기하곤 합니다."(구도 씨)

이는 쓰나미 때 높은 지대에 있는 오래된 신사로 대피하면 생존할 가능성이 높다는 것을 보여준다. 실제로 미나미산리쿠의 도쿠라(戶倉)초등학교가 쓰나미로 20미터나 물에 잠기게 되었을 때 교사들이 아이들을 근처의 이즈즈(五十鈴) 신사로 데려갔고, 신사 경내만 바닷물 위에 섬처럼 떠서 모두 무사했다.

오카와 초등학교의 유족 남성은 내 얼굴을 보며 말했다.

"역사를 아는 것이 무엇보다 중요합니다."

그가 손에 들고 있던 검정색 가방 속에 역사상의 쓰나미 관련 전문 서적이 가득 들어 있었던 것이 잊히지 않는다.

쓰나미에 취약한 소나무 숲

"소나무 숲이 고약해요. 유해가 소나무에 끼게 되면 기계톱으로 자르기 전에는 빠지지 않는 경우도 봤습니다."

미야기현 미나미산리구초에서 오카와초등학교 유가족 남성이 한 말이다. 그는 초등학교 5학년 아들을 쓰나미로 잃었다. 자식을 찾아 헤맸던, 상상을 초월하는 경험에서 나온 말이다. 그러나 그의 말은 차분했고 재난 지역의 항공사진을 보여줘 가며 설명해 주었다.

"보시는 것처럼 소나무 숲이 있던 곳은 집이 무너졌습니다. 소나무가 없는 곳은 오히려 집들이 그대로 있지요."

소나무 숲이 오히려 위험하다. 대형 쓰나미가 오면 소나무는 힘없이 뿌리까지 뽑혀 떠돌면서 사람과 주택을 덮친다는 것이다. 그때까지 가지고 있던 고정관념이 직접 현장에 가서 보고 나면 완전히 깨지는 경우가 있는데, 그야말로 눈꺼풀을 덮고 있던 것이 떨어져 나간 격이었다.

TV에서 리쿠젠타카타(陸前高田)의 '기적의 소나무'를 보고 해안가 소나무들이 마을을 지켜 주었다는 생각을 하고 있었는데, 다양한 상황을 보고 깊게 생각을 해야 할 것 같다.

리쿠젠타카타의 소나무는 에도시대 전기인 1667년에 현지의 부농 간노 모쿠노스케(菅野杢之助) 등이 심기 시작했다. 메이지와 쇼와 시대에 있었던 산리쿠 쓰나미와 칠레 지진 쓰나미 피해를 막아 준 것은 분명하지만, 소나무가 마을을 쓰나미에서 지켜준다는 것은 100년이 채 못 되는 시간 안에서 역사를 바라본 지혜에 불과하다. '기적의 소나무'는 소나무가 파도를 막는 역할을 다하지 못한 것을 보여주는 상징물이기도 하다.

파고가 10미터를 넘는 거대 쓰나미가 오면 소나무 숲은 흉기로 변한다. 그렇다면 쓰나미에 강한 숲은 어떤 것일까.

생태학자들은 "뿌리가 곧고 깊게 뻗으며 그곳 토질에 맞는 상록활엽수림이 좋다. 키가 큰 나무와 작은 나무가 함께 들어선 다층군락 숲이 강하다."라고 한다.

모래 해변에 소나무만 심을 수 있는 것은 아니다. 치바(千葉)현에서는 벌써 모래 해변에 상록활엽수 혼합림을 조성한다고 발표하였다. 그러나 10미터 훨씬 넘는 쓰나미가 온다면 소나무가 됐든 다층군락 숲이 됐든 부러져 나가 떠돌아다니며 주택으로 돌진할 위험성이 크다.

내가 살고 있는 하마마쓰에서도 대규모 방조제 계획을 추진하는 과정에서 나무도 심고 있는데, 흰 모래 위에 푸른 소나무 숲을 조성하겠다고 고집하다간 큰코다칠 수 있다.

시즈오카현 누마즈(沼津) 해변의 천 그루 송림에서 바라보는 후지산은 절경이다. 그러나 방재를 생각할 때 육송과 해송만으로 이루어진 단순한 숲이 위험하다는 것을 모르는 사람은 없다. 그래도 긴 역사가 있는 명승지의 소나무 숲을 베어낼 것인지 보존할 것인지를 판단하여 결정하는 것은 인간의 생명과 고향을 그리는 마음을 저울에 달아보는 것과 같은 문제이다.

에도 사람들에게 소나무는 염해에 강하고 성장이 빠른, 상서로운 신과 같은 나무였다. 그뿐 아니라 목재로서, 특히 땔감으로 가치가 높았다. 화석연료가 없었던 때라서 말라 죽으면 그대로 땔감이 되는 소나무를 사람들이 바닷가에 심은 것은 당연했다. 석유와 가스가 있는 현대를 살아가는 우리가 에도 사람들처럼 소나무로만 이루어진 숲을 조성해서 일부러 위험을 자초할 필요는 없을 것이다.

소나무로만 이루어진 숲은 쓰나미뿐 아니라 소나무 마름에도 취약하다. 예전에 1707년 호에이 쓰나미의 자취를 찾아 시즈오카시 시미즈구 미호(三保) 반도를 돌아본 적이 있는데, 수령 650년 된 노송이 남아 있는 곳은 표고 10미터가 넘는 반도 끝 한 모퉁이뿐이었다.

고문서에 미호 반도의 끝부분이 쓰나미 피해를 보았다고 되어 있다. 심은 지 얼마 되지 않은 것으로 보이는 소나무들만 있는 것을 보고 오싹한 느낌이 들었던 기억이 있다.

이러한 이야기를 쓰면 소나무를 심는 사업을 추진해 왔거나 앞으로도 이어가려 하는 측에서는 조직적으로 반론을 제기한다.

"뿌리가 땅속으로 곧게 뻗어 내려가는 소나무는 부러지지 않기 때문에 안전하다", "소나무가 부러진 것은 지하수위가 높아서 뿌리가 튼튼하게 뻗지 않았기 때문이다", "뿌리를 깊게 내리는 소나무를 심으면 된다."라는 등, 판에 박은 듯 똑같은 말을 하곤 한다. 그러나 그러한 말은 이해가 되지 않는다.

쓰나미가 오는 해안은 원래부터 지하수위가 높은 경우가 많다. 설사 지금 지하수위를 낮춘다고 해도 우리가 책임을 지고 앞으로 50년, 100년에 걸쳐 길게 펼쳐진 해변의 지하수위를 통제할 수 있는 것은 아니다.

대형 쓰나미가 오면 무슨 나무를 심었더라도 부러져서 떠내려간다는 것을 인정하고 어떻게든 새로운 기술로 염해 대책을 세우는 것이 옳지 않을까 한다. 원자력 발전과 마찬가지로 먹고살기 위해 계속할 수밖에 없는 사람들도 있기 때문에 소나무 방조림에 관한 논의에는 어려운 문제가 있다. 돌아가려던 미나미 산리쿠의 여성이 내게 말했다.

"일전에 우리 집 애가 쓰나미 때 삼나무는 모두 말라 죽고 동백나무만 살아 있는 이유를 묻더군요. 동백나무는 땅속 깊이 뿌리를 내린다더군요. 겉으로 보이지 않는 곳에 중요한 것이 있어요. 사람도 마찬가지일지 모르죠."

쓰나미가 남긴 모래 진흙에서 배운다

쓰나미라는 것은 검은 모래 진흙 덩어리이다. 쓰나미에 휘말리면 모래 진흙이 폐로 들어가 쓰나미 폐렴에 걸리기 쉽다. 그래서 쓰나미 피해가 예상되는 지역의 의사는 평소 쓰나미 폐렴에 대한 응급처치를 할 마음의 준비를 하고 있어야 한다.

항생물질이 없던 에도시대에는 쓰나미로 온몸이 젖은 이재민들이 저체온증과 쓰나미 폐렴에 시달렸다. 그것을 한방약으로 다스려보겠다고 필사적으로 매달린 에도시대 의원들의 모습을 고문서에서 보고 있으면 애처롭기 짝이 없다.

그런데 쓰나미의 모래 진흙, 즉 쓰나미 퇴적물은 후세의 우리에게 귀중한 신호를 전해 준다. 땅속에 쓰나미 모래층이 있다는 것은 그곳에 쓰나미가 왔다는 증거가 되기 때문이다. 동일본대지진 이후, 연구자들이 센다이(仙台) 평야를 현장 조사했다.

센다이시 와카바야시(若林)구 아라이(荒井)를 예로 들어보면, 쓰나미는 내륙 4킬로미터까지 왔지만 쓰나미 모래는 내륙 2.3~3킬로미터 지점까지에서 발견되며 그 뒤에는 진흙만 쌓여 있었다는 것이 도호쿠(東北)학원대학 마쓰모토 히데아키(松本秀明) 등의 연구 결과이다. 다시 말해 쓰나미 때 모래로 덮인 범위의 약 1.5배 내륙까지 쓰나미가 왔다는 것이다. 이 사례를 어디까지 일반화할 수 있을지는 알 수 없으나, 쓰나미의 모래를 따라가 보면 과거의 피해 실태를 알 수 있다는 것은 확실하다.

지금 생각해 보니 고고학자들은 동일본대지진이 있기 전부터 신호를 보내고 있었다.

센다이 평야에는 약 2000년 전 야요이 시대의 답형유적(沓形遺跡, 야요이 시대 후기에 경작되던 논을 쓰나미와 함께 바다에서 밀려온 모래가 뒤덮어 못 쓰게 된 유적으로, 쓰나미 퇴적물이 논을 덮은 상태로 발견되었다-역자)이 있다. 지진이 발생하기 5년 전부터 본격적으로 발굴을 시작하였는데, 당시 2킬로미터(현재는 4킬로미터) 내륙에 있던 이 유적에서 쓰나미 모래층이 발견되었다. 두터운 곳은 모래층이 5센티미터가 넘었다. 쓰나미로 마을이 완전히 파괴되었다가 그 뒤에 다시 사람이 들어와 살기 시작한 것은 쓰나미로부터 400년이 지난 뒤라는 충격적인 사실도 밝혀졌다.

요컨대, 센다이 평야는 약 2000년 전, 약 1100년 전(조간 쓰나미), 400년 전(산리쿠 쓰나미), 그리고 2011년(동일본대지진 쓰나미) 등 확실한 것만 해도 2천년 사이에 네 번이나 대형 쓰나미 피해를 보았고, 네 차례 모두 4킬로미터 내륙까지 침수되었다. 500년가량 주기로 반복되는 경향이 강한 자연현상이었음을 알 수 있다. 그때 쓰나미의 모래를 보고 깨달았더라면 좋았을 것이라는 후회를 다음에는 하지 않아야 하겠다.

다음에 올 가능성이 있는 난카이 해저구 쓰나미의 모래를 정확히 파악해 둘 필요가 있다. 시즈오카현 이와타(磐田)시에 모토지마(元島) 유적이 있다. 여기에서 7세기 후반에서 15세기 후반에 이르는 약 800년 동안 4차례 분에 해당하는 쓰나미 모래가 발견되었는데, 그 층이 두터워서 15센티미터가 넘는 곳도 있었다.

조사를 담당했던 쓰나미 퇴적물 전문가 후지와라 오사무(藤原治)는 "모래층 두께는 지형에 따라 달라진다. 모래의 두께를 가지고 쓰나미에 침수된 깊이를 복원하는 방법은 아직 확고하게 정리되지 않았다."라며 과학자답게 신중한 자세를 취하고 있는데, 모토지마 유적에서 가까운 곳에 살고 있는 나로서는 신경이 쓰이는 것이 사실이다.

쓰나미가 왔을 당시 모토지마 유적은 2, 3킬로미터 내륙에 있었다. 그런데 그곳에 쓰나미에 실려 온 모래가 15센티미터 이상 쌓인 것이다. 수 미터 정도 침수되어서는 이만큼 쌓이지 않는다.

미야기현 미나미산리쿠초에서 들었던 말이 생각났다. 이번 쓰나미 때 참배길 좌우에 있던 삼나무들을 모두 잃어버린 다이오지(大雄寺)라는 절 주지가 이렇게 말했었다.

"삼나무 가로수 밑은 파고 또 파도 계속 모래가 나와요. 두께가 15센티라는 건 말도 안 되지요. 쓰나미 때 삼나무가 10미터는 잠겼을 겁니다."

'원지 쓰나미'는 무엇이 위험한가

2014년 4월 칠레 먼바다에서 발생한 지진 쓰나미 주의보를 들으면서 이 원고를 쓰기 시작했다. 지구 반대편에 있는 칠레 같은 데에서 발생하여 꼬

박 하루 걸려 도달하는 쓰나미가 있다. 이와 같이 일본 근해에서 발생한 지진이 원인이 아닌 쓰나미를 '원지(遠地) 쓰나미'라고 한다.

칠레 먼바다에서 일어난 지진으로 일본에 막대한 피해를 보게 한 것은 1960년 칠레 지진 쓰나미이다. 당시 지진은 진도 9.5로 세계 역사에서도 최대 규모의 지진이었고 총 길이 850킬로미터에 걸쳐 지반이 내려앉았다. 그 정도로 큰 규모의 지진이었던 만큼 일본에 도달한 쓰나미의 높이는 산리쿠 해안 같은 데서는 6미터가 넘는 곳도 있었다.

2010년에도 칠레 먼바다에서 지진이 발생했다. 당시 지진은 강도 8.8이었고 갈라진 단층 길이는 약 500킬로미터였으며 일본에 도달한 쓰나미는 높은 곳도 2미터가 채 안 되었다.

이번 지진은 강도 8.2라고 하니 1960년이나 2010년 정도는 아니다. 일반적인 상황이라면 쓰나미가 1미터 이하일 것으로 예상되긴 하나 쓰나미는 바다 밑 지형에 따라 복잡하게 반사하기도 하고 파도가 겹치기도 하면서 얼마나 높아질지 예측이 불가능하다. 또한 동일본대지진 쓰나미로 일본 연안의 방조제가 유실되어 있는 상태이다. 정말 오지 말아야 할 때에 오는 쓰나미라는 생각을 하면서 나는 긴장 속에서 TV에서 흘러오는 쓰나미 소식을 지켜보았다.

결과는 이와테현 구지(久慈)시에서 관측된 60센티미터 높이 쓰나미가 일본에서 가장 높았다는 것이었다. 현재까지 눈에 띄는 피해 소식은 들려오지 않는다. 안도하면서도 이와 같은 원지 쓰나미의 역사가 궁금해졌다.

도호쿠대학 명예교수 슈토 노부오(首藤伸夫)에 따르면, 1586년부터 2010

년 2월 칠레 쓰나미까지 424년 동안 남미 연안에서 발생하여 일본에 도달한 쓰나미는 20차례이고, 그 가운데 10차례는 일본 연안에서 50센티미터 이하였다(내각부 홍보지 『방재』 2010년 5월호).

남미에서 발생한 원지 쓰나미는 평균 20년 간격으로 일본에 오며, 이번이 스물한 번째인 것 같다. 1586년 이전의 고문서에서 원지 쓰나미에 대한 기록이 있는지 조사해 보고 싶어서 자료를 들추어 보는 가운데 그 비슷한 것이 눈에 들어왔다. 1420(応永 27)년 음력 7월 20일이므로 금각사를 건축한 무로마치 3대 쇼군 아시카가 요시미쓰(足利義満)가 죽은 지 12년 뒤의 일이다.

이바라키현 북부의 다가(多賀) 인근과 시즈오카현 마리코하마(丸子浜)에서 미심쩍은 조수위 변동이 있었다고 기록되어 있다. 『속군서류종(續群書類從)』에 수록된 「신명경(神明鏡)」이라는 책자에 다음과 같은 기록이 있다.

> (応永) 27년 7월 20일, 묘시(卯時)에서 사시(巳時)까지 가와라고(瓦子)와 아이가(相賀)[두 곳 모두 이바라키현 히타치(日立)시]에서 바닷물이 빠지기를 아홉 차례. 물고기가 많이 떠올랐다.

『속본조통감(續本朝通鑑)』에도 "(応永 27년) 7월에 스루가 마리코하마(시즈오카시 스루가구)에서 하루 사이에 바닷물이 차올랐다 빠지기를 아홉 차례, 물고기가 떠올라 땅에 있었다."라고 기록되어 있다.

시간을 특정하지 않고 묘시에서 사시 사이라고 했기 때문에 7월 20일 전후의 오늘날 시간으로 보면 아침 4시 무렵에서 9시 지난 시각까지 5시간가량 되는 시간 동안 아홉 번이나 물이 들어오고 나가고 했다는 것이다. 일반적인 쓰나미는 들어왔다 나가는 간격, 즉 주기가 15분 정도이다. 한편 원지 쓰나미는 40~60분으로 알려져 있다. 5시간 동안 아홉 번 물이 들어오고 나가고 했다면 원지 쓰나미의 특징에 가깝다.

이와 같이 긴 주기야말로 원지 쓰나미에서 주의해야 할 점이다. 한 차례 피난했다가 2시간쯤 지났다고 해서 되돌아가면 안 된다. 주기가 길기 때문에 작은 쓰나미가 온 뒤에 여러 시간 지나서 가장 큰 쓰나미가 밀려오는 수가 있기 때문이다.

2. 오후나토 초등학교의 교훈

칠레 지진을 알아챈 교장의 결단

재해가 발생하면 생명과 직결되는 중대한 결단을 해야 할 때가 있다. 교직에 있다 보면 어린아이들의 생사가 자신의 손에 달려 있는 경우도 생긴다. 어떻게 하는 것이 좋은가?

나는 이 문제를 붙들고 씨름해 왔다. 강의와 집필만으로도 빠듯하여 강연을 할 여유는 별로 없지만, 재해가 예상되는 지역에서 학생들과 함께하는 학교 관계자들에게서 오는 부탁까지 모두 거절하지는 못하고 역사학의 관점에서 지진 쓰나미 방재에 관한 강연을 하러 다닌다.

여러 학교를 돌면서 지진 쓰나미의 위험에 대해 이야기를 나누다 보면,

예상대로 실제로 아이들의 생사가 걸린 현장에 있었던 경험이 있는 분을 만나보기 전에는 알 수 없는 것이 많다는 것을 절실히 느끼게 된다.

그런데 궁하면 통한다는 말이 이럴 때 쓰는 것인지 2014년 1월 31일 하마마쓰 시립 세키(積志)시 초등학교에 강연하러 갔는데, 생각지도 않게 그곳에 이와테현 오후나토(大船渡) 초등학교 교장을 역임한 가시와자키 마사아키(柏崎正明) 씨가 와 계셨다.

10미터 가까운 대형 쓰나미가 덮친 오후나토 초등학교는 표고 약 8미터 지점에 있는 3층짜리 학교 건물 1층 교실이 약 2미터까지 침수되었다. 가시와자키 전 교장은 아이들의 생명을 지켜야 하는 엄중한 현장에 있었던 경험을 가진 분으로 그 경험을 후세에 전해 줄 수 있는, 많지 않은 산증인이었기 때문에 그의 증언을 듣는다는 것은 중요한 의미가 있다.

나는 일본 역사상의 재해를 기록하여 널리 알리고자 하는 글쓰기와 강연 활동에 대한 이야기를 하고 가시와자키 교장에게 협조를 구해 즉석에서 취재를 시작했다. 다행스럽게도 흔쾌히 허락했을 뿐 아니라 재난 당시의 귀중한 메모까지 주셨다.

다음에서는 당사자의 증언을 참고하여 그날 오후나토 초등학교에서 있었던 일에서 얻은 교훈에 대해 생각해 보겠다.

동일본대지진이 있던 날 오후나토 초등학교에는 어린이 265명이 있었다. 전체 아동 268명 가운데 2명이 결석했고 1명은 조퇴했다(「가시와자키 메모」).

14시 46분, 지진이 발생하자 교직원과 아이들은 매뉴얼에 따라 운동장으로 피신했다. 오후나토 초등학교는 주민들의 대피소로 지정되어 있었고 그

때는 그렇게 하는 것이 당연한 대응인 것으로 생각했다. 가시와자키 교장의 말이다.

> "저는 초등학교 2학년 때 칠레 지진 쓰나미(1960년)를 겪었습니다. 전봇대와 집이 떠내려가는 것을 어린 제 눈으로 직접 보았습니다. 오후나토 초등학교에서도 칠레 지진 쓰나미에 관한 글을 읽고 나서 묵념하곤 했습니다."

여기에서 배울 점이 있어 보인다. 먼저 실제로 쓰나미가 얼마나 무서운지 교사가 체험하였고, 그 교사가 자기가 살던 곳에 밀려온 쓰나미와 그 피해에 대해 평소에 어린이들에게 가르쳤다는 점이다. 쓰나미에 관한 기억이 시나브로 사라져버리지 않게 하는 것이 신속한 대피로 이어질 수 있다.

단 몇 분 사이에 운동장으로 대피하긴 했지만 방재 방송을 명확하게 들을 수는 없는 상황이었다. 다만 태평양 연안에 대형 쓰나미 경보가 발령되었다는 것은 알고 있었다.

15분이 지난 15시 무렵에는 현지 주민들이 계속 운동장과 체육관으로 대피해 왔고 저학년 학생들은 보호자가 데리러 오는 사람도 있었다.(「가시와자키 메모」)

여기서 가시와자키 교장을 비롯한 오후나토 초등학교 교직원들은 한 가지 판단을 내려야 했다. 보호자들이 아이들을 데리러 오긴 했는데, 집이 바다에 가까운 곳에 있어서 위험해 보이는 집 보호자에게 아이를 딸려 보낼 것인가 하는 것이었다.

천재지변으로 비춰본 일본의 역사

이때 아이를 그냥 보낸 것이 아니라 바다 가까이 가지 않도록 당부했다는 교사가 있고, 나중에 생각해 보니 뒤숭숭했던 터라 도저히 그렇게 하기는 어려웠다는 교사도 있어서 실제 어땠는지는 확실하지 않다. 어찌 됐든 생명이 왔다 갔다 하는 긴급 상황에서는 피해가 가장 커지는 상황을 예상하여 싫은 소리를 듣더라도 최악은 피하는 결단을 내리는 것이 맞다.

그런데 가시와자키 교장은 예상 밖의 상황에 직면한다.

위험에 대한 직감이 바로 생존의 이정표

지대가 조금 높은 곳에 있는 오후나토 초등학교는 지역 주민들의 대피 장소로 지정되어 있었다. 학교에 있던 전교생 265명과 교직원 21명의 생명을 맡은 가시와자키 교장은 우선 매뉴얼대로 모두를 운동장에 대피시켰다고 한다.

초등학교 아래쪽에는 JR 오후나토선이 지나가고 있었는데 1960년 칠레 지진 쓰나미는 이 철로를 넘어오지 않았다. 그래서 오후나토 초등학교가 대피 장소로 지정된 것이었는데, 교장 등은 15시 20분에 이상한 것을 발견했다. 대피해 있는 운동장에서 바다 쪽을 바라보니 삐걱거리는 소리가 나고 흙먼지가 올라가면서 집의 지붕이 이동하는 것이 보였던 것이다(「가시와자키 메모」).

이 순간이 운명의 갈림길이었다. 위험에 직면했을 때 인간의 직감은 의외로 정확하다. 위기 상황에서 가장 정확한 교과서는 매뉴얼이나 예상이 아니라 눈앞의 현실이다. 대피 장소로 지정된 곳이라 해서 안전하다는 보장은 없다.

학교가 위험하다고 직감한 가시와자키 교장은 결단을 내렸다. 운동장을 떠나 더 높은 곳에 있는 오후나토 중학교로 대피하라는 지시를 한 것이다. 이것은 정말 다행스러운 결정이었다. 가시와자키 교장과 교직원들은 아이들을 데리러 온 보호자와 체육관으로 피해 온 30명쯤 되는 지역 주민들에게도 학교는 위험하니 더 높은 곳으로 대피하라고 했다는 것을 교장이 메모에 남겨 두었다.

그러나 쓰나미는 이미 코앞에까지 와 있었다. 오후나토 초등학교 교직원들은 여기서 또 한 번, 나중에 보호자들에게 감사 인사를 받는 행동을 보인다. 쓰나미가 밀려오고 있는데 교문으로 나가 피할 여유가 없다고 판단하고 산 쪽 울타리로 빠져나가게 임기응변으로 대응한 것이다(오후나토 초등학교 보호자의 기고, 2011년 5월 10일 자 『동해신보』).

위험한 상황이라서 결과적으로 그렇게 했을 뿐이라고 기억하는 교사도 있지만, 여하튼 산 쪽 울타리를 통해 대피한 것이다.

오후나토 초등학교 교문은 표고가 7미터밖에 안 되는 데다 바다까지도 265미터밖에 안 된다. 다행히 학교 뒤쪽은 경사면으로 되어 있어서 올라가면 표고 12미터에 높이 1미터 정도 되는 담장이 가로막고 있다. 쓰나미 때에는 아무리 모양이 나지 않고 길이 아닌 곳이라도 가장 빨리 높이 올라갈 수 있는 곳을 향해 뒤도 돌아보지 말고 뛰는 것이 제일이다.

밀려오는 쓰나미를 등 뒤에 두고 담장을 타고 올라가지 못하는 1학년 아이들을 교직원들이 끌어올렸다고 한다(「가시와자키 메모」). 오후나토 초등학교를 덮친 쓰나미는 표고 10미터 가까운 곳까지 올라왔다. 아이들 전체를 교문으로 질서정연하게 행진하게 했다면 위험했을 터였다.

바닷가 마을인 오후나토는 땅이 좁다. 뒷산으로 대피하면 곧바로 표고가 높아진다는 것이 다행스러운 일이었다고 가시와자키 교장은 겸손하게 말했지만, 설령 위험을 알아채는 본능이 있다 해도 평소와 다른 행동을 취하기는 쉽지 않다. 특히 매일 같이 임기응변으로 이익을 찾아가는 비즈니스맨과 달리 공무원이나 교사는 규칙에 따라 행동하기 쉬운 데다 집단을 지휘해야 하는 상황에서는 평소의 공평과 당연함을 전제로 한 상식에 사로잡히기 쉽다는 점은 유념해야 할 것이다.

재난이 과거의 예를 초과하는 경우도 있다. 재난이 발생했을 때는 매뉴얼과 피해 대비, 그리고 대피소의 안전을 과신하지 말아야 한다. 눈앞의 현실이 바로 교과서가 되고 위험에 대한 직감이 생존으로 인도하는 이정표가 된다. 대피에 앞서 주저주저하는 것은 금물이다.

오후나토 초등학생 268명 전원이 무사하다는 것이 확인되었을 때의 일이 가시와자키 교장 메모에는 다음과 같이 기록되어 있다.

교무실에서 박수 소리가 울려 퍼졌고, 눈물이 났다.

교직원 21명 가운데 9명의 집이 쓰나미에 침수되는 바람에 집에 돌아가지 못하고 아이들을 지키고 있었다. 재난에 대한 마지막 보루는 따뜻한 마음과 책임감일 수도 있다.

내 목숨은 내가 지킨다

하마마쓰시 세키시 초등학교 교실은 차분히 가라앉아 있었고 아이들의 눈은 진지하기 그지없었다. 아이들 모두가 사람의 생명이 걸린 이야기에 귀를 기울이고 있었다. 나는 팽팽하게 긴장된 분위기 속에서 진지하게 생명을 생각하는 그 천진스러운 옆얼굴에서 눈을 떼지 못했다.

강연하는 사람은 이와테현 오후나토 초등학교 가시와자키 전 교장 선생님이다. 약 10미터급 대형 쓰나미가 덮친 초등학교에서 학생 265명 전원의 생명을 지켜낸 분이다. 이 가시와자키 선생님이 쓰나미가 물러간 뒤에 완전히 바뀌어 버린 고향 마을 사진을 슬라이드로 비춰가며 자신의 체험을 하마마쓰의 초등학생들에게 이야기했다.

> "JR 오후나토선 전체의 복구가 안 되고 있어요. 끊어진 철도를 보고 있으면 가슴이 아픕니다."

하마마쓰 초등학생들도 함께 안타까워하는 표정이었다. 쓰나미 때 입은 염해로 해마다 아름다운 꽃을 피우던 벚나무도 말라 죽었다고 한다. 그래서 하마마쓰 초등학생들이 오후나토 초등학교에 어린 벚나무를 보냈던 모양이다. 가시와자키 교장은 어린이들에 대한 감사 인사로 이야기를 마무리

했다.

"해마다 벚꽃을 보면서 봄을 느낄 것입니다. 정말로 멋진 봄을 여러분이 보내 주셨어요. 마지막으로 질문 있는 학생 있나요?"

그러자 한 어린이가 불쑥 일어서더니 말했다.

"이다음에는 우리가 사는 데에서 지진이 일어난다는 말이 있는데요, 저희가 조심해야 할 것은 뭘까요?"

똑똑한 질문이었다. 내가 살고 있는 하마마쓰시의 아이들에게는 쓰나미가 남의 일이 아니다.

난카이 해저구 대지진이 언제 일어날지는 알 길이 없다. 다만 지난날의 예에서 본 것처럼 지진 발생 주기가 약 100년이라고 한다면 지금 초등학생들은 그 사태에 직면할 가능성이 가장 높은 세대이다. 하마마쓰에서는 아이들까지도 다음에는 자기들 차례라고 생각하고 있다는 것을 느꼈다.

이 중요한 질문에 대해 가시와자키 선생님은 주저하지 않고 대답했다.

"소중한 생명은 스스로 지켜야 한다는 것입니다. 가정에서 미리 대피 장소를 확실하게 알아 두어야 합니다. 그리고 각자가 알아서 그 안전한 장소로 대피해야 합니다. 도호쿠 지방에는 쓰나미 때는 각자가 알아서 안전한 곳으로 대피하라는 말이 있습니다. 할아버지가 괜찮은지 걱정되어 대피하지 않는다거나 하는 것은 절대로 안 됩니다."

자기 생명은 자기가 지킨다. 자율적으로 행동한다. 집안 식구들이 대피 계획을 미리미리 의논한다. 안전한 대피소를 알아 두고 그곳으로 가는 시간과 길을 알아 둔다. 이러한 사전 준비가 중요하다는 것이다.

큰 재난을 직접 체험한 가시와자키 교장의 말에는 말로 표현하기 어려운 설득력이 있었다. 아이들은 그날 가시와자키 선생님에게 들은 이야기를 평생 잊지 않을 것이다. 그리고 그때의 재난에서 살아난 사람들이 단순히 구조된 이재민이 아니라, 오히려 미래의 재난으로부터 사람들을 구해 낼 중요한 이야기를 해 줄 수 있는 사람들이라는 사실을 다시 확인할 수 있었다.

한편으로 책임감도 느껴졌다. 가족끼리 미리 안전한 대피소에 대해 의논하기 위해서는 어디가 안전한 곳인지 판단할 지침이 필요하다. 연구자와 행정 당국은 이해관계나 체면 같은 것을 내려놓고 진솔하게 정보를 제공해야 할 것이다.

나는 마지막으로 가시와자키 선생님에게 물어보았다.

"시커먼 쓰나미가 바로 앞까지 왔을 때 아이들이 무서워하지 않던가요?"
"아니요, 아이들을 꼭 끌어안고 될 수 있는 대로 쓰나미를 보지 못하게 했습니다."

전직 교장의 우직한 답변이 더할 나위 없이 기분 좋게 들렸다.

천재지변으로 비춰본 일본의 역사

3. 마을을 구한 면장의 기록

1933년 산리쿠 쓰나미 지옥을 보고

역사에는 한 사람 덕분에 많은 사람이 목숨을 건지는 일이 종종 있는데, 앞에서 말한 동일본대지진 때도 그러한 일이 있었다. 다른 지자체에 비해 사망자와 행방불명자가 확연하게 적었던 곳이 이와테현 후다이(普代) 마을이다.

산리쿠(三陸) 해안에 있는 인구 3,000명의 이 마을은 1896년 산리쿠 쓰나미 때 302명, 1933년 산리쿠 쓰나미 때도 137명이 희생되었다(『홍보 후다이』, No.610). 2011년 대지진 때도 20미터 넘는 대형 쓰나미가 밀려왔다. 그러나 이 마을에서는 배를 살피러 바다에 나갔던 한 분이 행방불명이 되는 안타까운 일은 있었어도 사망자는 한 명도 생기지 않은 기적이 일어났다.

아니, 기적이 아니었다. 지진이 났을 때는 이미 작고한 뒤였으나 이 마을에는 전에 와무라 고토쿠(和村幸得)라는 면장이 있었다. 그의 노력 덕택에 희생자가 적었던 것이다. 그러나 와무라에 대한 기록은 별로 남아있지 않다. 도쿄의 국회도서관에 단 한 권, 그가 남긴 회고록 『가난과 싸운 40년』이 소장되어 있다. 지진 희생자가 나지 않게 한 사람의 일생은 어떠했는지 알아보고 싶어서 하마마쓰에서 신칸센을 타고 가서 그 책을 보고 왔기에 여기에 기록해 두려 한다.

1896년 쓰나미 피해에 대한 이야기를 들으면서 자랐고 1933년 쓰나미의 참상을 직접 경험한 와무라는 마을 주민들을 반드시 지켜내겠다는 결심을 하였다. 마을 주민들로부터도 방파제를 설치하자는 요구가 있어서 마을을 쓰나미로부터 지켜줄 방조제 건설을 결의하였다. 중앙 정부와 이와테현 사이를 바삐 오가며 여러 번 도쿄에 가서 지역구 의원 스즈키젠코(鈴木善幸, 후일 수상이 됨)를 설득하여 건설성에 진정을 하는 한편, 직접 쓰나미 연구소에도 가서 여러 가지 실험 모형을 보고 공부하였다.

이와테현에서 예산을 따내 착공하게 된 와무라는 이와테현 토목부에 직접 뛰어들었다. 거기에 사사키라는 아주 열성적인 기사가 있어서 와무라는 그에게 달라붙어 방조제 설계를 해나갔다.

오늘날처럼 해안에 똑같은 형태의 방조제를 쌓는 것이 아니라 쓰나미의 위력에 대항하지 않는 제방을 효과적인 장소에 쌓았다. 지자체장이 쓰나미와 토목 연구기관에 직접 뛰어들어 기사와 함께 열성을 다해 연구해가며 대책을 세웠다는 것은, 오늘날 대다수 정치인이 보여주는 남에게 맡겨서 하는 공공사업과는 전혀 다른 것이다.

마을 인구가 늘어나면서 방조제 바깥쪽에도 민가가 들어서는 것을 보면서 와무라는 그들이 책임질 일이라고는 생각하지 않았다. 새로운 쓰나미 대책이 필요하다고 보고 수문 건설을 계획했다.

와무라가 양보하지 않았던 것은 수문과 방조제의 높이였다. 그렇게 큰 것이 왜 필요하냐는 주위의 반대를 모두 물리치고 15.5미터 높이를 고집하여 관철한 사실은 지진이 난 뒤에 TV에도 보도되어 널리 알려져 있다.

1933년 쓰나미 때 와무라는 지옥을 보았다.

아버지를 부르는 소리, 엄마를 부르는 소리, 아비규환이 바로 이런 것일까. 정말로 비참하기 그지없었다.

집들이 다닥다닥 붙어있던 곳에는 집이 한 채도 남아 있지 않았고 산 중턱 묘지 앞에 시체가 겹겹이 쌓여 (중략) 쌓인 토사 속에서 시체를 파내는 것을 볼 때는 뭐라 해야 할지 말이 나오지 않았다(『가난과 싸운 40년』).

와무라는 "두 번 일어난 일이 세 번 일어나선 안 된다."(2013년 건립한 공적비 비문)라며 마을에서 제일 좋은 자리의 밭을 징발하여 토지 수용에 대한 소송이 걸리는 것을 불사하면서까지도 수문과 방조제 높이 문제는 양보하지 않았다. 지진이 지나간 뒤로 와무라의 묘비 앞에는 꽃과 향불이 끊이지 않는다고 한다.

'먼저 대피한 다음에 구조'하라는 소방관

동일본대지진 때 이와테현 후다이 마을에는 20미터 넘는 대형 쓰나미가 왔는데 사망자는 없고 행방불명자만 1명이었다. 그러한 이유로 전국의 지자체에서 이 마을로 견학을 오는 발길이 끊이지 않는다.

2014년 2월 시즈오카현 지진 방재 센터에서 '역사에서 배우는 지진과 쓰나미'라는 강연을 한 적이 있는데 강연을 마치고 연단에서 내려오는 나에게 한 남성이 뛰어오더니 명함과 함께 종이 한 장을 내밀었다. 명함에는 '시즈오카현 소방학교 교장 니시나(仁科滿壽雄)'라 찍혀 있고, 종이는 '소방학교장 뉴스'였는데 놀랍게도 시즈오카현의 위기관리부 직원과 함께 후다이 마을에

갔을 때의 일이 실려 있었다. 나와 소방학교 교장 간에 오간 대화이다.

　　"후다이 마을에 가셨더군요. 저는 그 마을 면장을 지낸 와무라 고토쿠
씨에 대해 알아보고 있습니다."
　　"와무라 면장은 대단한 분이죠. 후다이 수문 높이를 15.5미터로 하는 것
은 양보할 수 없다며 수문 건설 건으로 여러 차례 도쿄에 가서 스즈키젠코
씨에게 상황을 이야기하셨다고 합니다."

　니시나 교장이 내민 소방학교장 뉴스를 읽어 보니 전 면장의 집념으로
건설한 후다이 수문만으로 마을을 지킬 수 있었던 것은 아니고 소방관들의
헌신적인 행동도 있었던 사실이 쓰여 있었다.

　지진이 있던 날, 후다이 마을 소방 지서에서는 와무라 면장이 공들여 만
든 후다이 수문을 원격 조정으로 닫으려 했다. 그런데 현도 쪽 수문이 닫히
지 않았다. 그래서 다바타(田端) 소방관 등이 직접 수문으로 가서 수동으로
스위치를 조작하여 닫았던 것이다. 그야말로 목숨을 내건 위험한 작업이었
던 듯 다바타 소방관은 후일 "(대피가) 30초만 늦어졌더라면 지금 이 자리에
없다."라고 말했다(『홍보 후다이』, No.610).

　소방관이 살아남지 못하면 인명 구조도 불가능하다. 나는 하마마쓰시 소
방 관계자들을 대상으로 한 강연에서 이렇게 말했다.

　　"불행하게도 이전 재난 때는 수문 닫는 작업과 교통정리에 나선 소방관
들의 희생이 컸습니다. 그런데 쓰나미가 올 때는 소방관도 소방 장비도 첫

째는 대피하는 것이고 그다음에 구조하는 것입니다."

그런데 강연이 끝난 뒤에 나이 든 한 소방관이 침울한 표정으로 말했다.

"재난 이후로는 말씀하신 대로 대응하고 있습니다만, 한번은 주민이 도망가려는 것이냐고 하는 말을 들은 적이 있습니다."

나는 단호하게 말했다.

"소방관이 죽으면 구조는 못하는 거예요. 당당하게 대처하세요."

소방 관계자들이 희생되는 것을 막으면서도 효과적인 방재와 구조 활동을 할 수 있는 방안을 마련할 필요가 있다. 방조제와 수문 정비는 앞으로도 발전해 갈 것이다. 강진으로 흔들리고 정전이 되더라도 자동 또는 원격으로 틀림없이 수문을 닫는다는 신뢰도 높은 시스템이 절대적으로 필요하다.

만에 하나 소방관이 바다 쪽으로 가야만 하는 상황에서는 쓰나미의 위험 상황을 소방관에게 전달하는 통신 수단을 확보해 두어야 한다. 후다이 마을 소방관이 위기 순간을 벗어날 수 있었던 것도 쓰나미가 접근하는 것을 원격 조정 모니터를 보고 알게 된 동료가 쓰나미가 오고 있으니 빨리 차를 타고 대피하라고 방송으로 알렸기 때문이라고 한다.

후다이 마을 사례에서 몇 가지 교훈을 얻을 수 있다.

와무라 전 면장과 같이 지역을 위해 헌신적으로 일하기를 마다하지 않는 지도자가 있다는 것.

자연에서는 예상을 초월하는 일이 일어난다는 점을 고려하여, 방재 설계는 과거 재해의 강도를 참고하여 예산 타령이나 인간적인 생각으로 안이하게 타협하지 말 것.

인공적인 방재설비를 운용하는 인원의 능력과 의지를 유지할 것.

덧붙여 후다이 마을 소방 사령보가 중요한 이야기를 했다.

"수문이 중요하기는 하지만 어디까지나 시간을 버는 것이라고 생각하십시오."(『홍보 후다이』, No.610)

자신을 지키는 것은 수문이나 방파제가 아니라 자기 자신이다.

자연을 거스르지 않는 방재공사

결과적으로 보면 이와테현 후다이 마을의 수문과 방조제가 쓰나미로부터 마을을 지켜준 것이지만, 동일본대지진 결과를 볼 때 오히려 후다이 마을과 같은 예는 많지 않고 방조제가 쓰나미를 막지 못하여 민가를 지켜주지 못한 예도 많다. 앞으로는 쓰나미를 막아 낸 예와 그렇지 못한 예를 엄밀히 비교 연구해서 최적의 방재공사를 할 수 있도록 해야 한다고 본다.

그래서 다시 한번 와무라 선생의 회고록 『가난과 싸운 40년』을 되새겨

보고 싶다. 와무라 선생은 이와테현의 열성적인 설계 기사와 함께 후다이 마을 지형을 조사하여 설계도를 만들었다.

설계도 내용을 한마디로 정리하면, 쓰나미의 위력은 예측이 불가능하기 때문에 맞설 것이 아니라 방파제 바깥쪽으로 지나가게 하자는 것이었다. 그 방침에 따라 방파제 안쪽으로 후다이 마을을 지키면서 바깥쪽에는 집을 짓지 않는다는 계획이었다.

와무라 선생의 수문과 오타나베(太田名部) 방조제는 자연 지형을 잘 이용한 것이었다. 골짜기가 좁아진 곳에 수문과 방조제를 쌓고 그 바깥쪽에는 집을 짓지 않도록 계획했고, 자연 지형을 이용했기 때문에 수문과 방조제의 길이를 단축할 수 있었다.

와무라 선생의 후다이 수문은 205미터, 오타나베 방조제는 155미터이다. 길이가 짧은 만큼 높이를 높게 할 수 있었다는 면도 있다. 그렇게 해서 만들어진 도호쿠 지방에서 가장 높은 15.5미터 높이가 이번 쓰나미를 이겨낸 가장 큰 요인이었다.

쓰나미의 힘이 절대적으로 강하기 때문에 바닷가에서 정면으로 맞서는 것은 상책이 아니다. 후다이 수문은 해안에서 300미터나 떨어진 내륙에 건설함으로써 쓰나미가 육지로 올라오면서 세력이 약화된 곳에서 막는다는 설계였다. 마찬가지로 오타나베 방조제도 어항의 방파제와 파도를 약하게 하는 블록을 앞에 두어서 쓰나미를 일차적으로 약화시킨 뒤에 마지막으로 높다란 방조제로 막아서 쓰나미의 힘이 옆의 골짜기로 쏠리도록 설계하였다.

뿐만 아니라 와무라 선생은 쓰나미가 수문을 넘어가는 사태도 예상했을 가능성이 있다. 쓰나미를 겪어보지 않은 젊은이들이 수문 안쪽의 방조림을 베어내서 운동장을 넓혀 달라는 요구가 여러 차례 있었음에도 받아들이지 않았던 것이다. 결과적으로 수문 안쪽에도 방조림이라는 여유 공간이 있어서 20미터 넘는 쓰나미가 수문을 넘어오더라도 민가의 피해를 막을 수 있었다.

와무라 선생의 쓰나미 대비 공사에서 15.5미터라는 높이에 대해서만 칭찬과 감탄이 모아지고 있는데, 정말 중요한 점은 자연 지형을 이용하여 무리 없는 공사를 했다는 점이 쓰나미를 이겨낸 결정적 요인이라 할 것이다. 쓰나미의 위력을 겸허하게 인식하고, "미안하지만 여기선 살 수 없다. 여기는 사용할 수 없다."라며 주민들을 설득했던 것이다.

이와테현 미야코(宮古)시 다로(田老) 지구에는 총 길이가 2,433미터에 달하는 거대한 방조제 '다로장성'이 있었으나, 공식 높이가 10.45미터로 충분하지 않았다. 주민들의 여망을 담아 쌓은 제방이지만 나로서도 안타깝게 생각한다. 쓰나미의 힘을 약화하여 시간을 버는 효과는 있었으나 안타깝게도 15.9미터(토목학회 관서지부 조사) 쓰나미는 이겨내지 못했다. 다로 지구는 인공 방어물로 쓰나미와 싸우기에는 너무나도 불리한 지형이었다.

와다 선생의 회고록에서 얻을 수 있는 가르침은 다음의 두 가지가 아닐까 한다.

"과거에 있었던 재난의 규모를 생각하여 자연과 인간 능력의 경계선을 냉철하게 살피라."

　"자연을 거스르지 않도록 방재공사를 추진하라."

옛사람의 경험과 예지를 되새기자

돌아보니 재해사라는 것을 내가 처음 만난 것은 열여덟 살 때 봄이었다. 방랑벽이 있는 나는 대학을 1학년 때 중퇴했지만 그 대학에서 처음 들은 역사학 수업에 충격을 받았다. 강단에 선 분은 미즈모토 구니히코(水本邦彦) 선생님이었다. 부끄럽게도 나는 대학을 자퇴한 뒤에야 선생님이 대단한 분이라는 것을 알았고 재학 중에는 아무것도 몰랐다. 수업에 앞서 선생님은 우리에게 종이 한 장씩을 나누어주고 이렇게 말씀하셨다.

> "역사학이란 결코 정치사에 국한된 좁은 것이 아니다. 동물의 역사도 있고 화장실의 역사도 있다. 자연의 역사도 있고 지진과 화산 폭발 같은 재난의 역사는 오늘날까지 이어지는 살아 있는 역사이다."

25년 전 이야기라 기억이 확실하진 않지만 '일본의 근세사회'라는 강의였다. 그날 나눠준 종이쪽지는 아사마(淺間)산 폭발 때 희생된 농민들의 고문서를 복사한 것이었다. 고문서를 바탕으로 한 생생한 역사속의 재난 이야기에 90분 동안 푹 빠졌던 기억이 있다. 초중고 수업에서는 전혀 들어본 적이 없는 역사였기 때문에 충격이 컸다.

나는 초등학교 때부터 역사학자가 되겠다고 마음먹고 있었다. 찾아보았더니 초등학교 졸업문집에도 '나의 역사 연구 6년의 발자취'라고 쓴 것이 있었다. 가끔 어른들과 친구들이 옛날 일 같은 것을 공부해서 뭐 할 것이냐고 물을 때마다 고개를 떨구곤 했다. 그랬던 만큼 대학에서 재해사 강의를 듣고는 감동한 나머지, '역사학은 살아 있는 것이다. 우리의 생명까지 지킬 수 있는, 현대에 필요한 학문이다.'라고 확고한 자신감을 갖게 되었다.

그 후 나는 17세기 환경의 역사도 연구해 보고, 출산율이 떨어지고 고령화하는 오늘날을 바라보며 인구와 가족 구조의 역사를 연구하기도 했다.

거품 붕괴 이후에는 막부 말기 유신 시대의 사회 대붕괴 속에서 살아온 『무사의 가계부』라는 책을 쓰기도 했다. 그 과정에서도 재해사가 항상 머릿속에 있어서 무사들이 남긴 문서를 조사할 때도 지진과 쓰나미 관련 자료가 있으면 모아두곤 하기를 20년간 이어왔는데, 이 책은 그러한 축적의 결과이다.

앞으로 대비해야 할 자연의 위기는 세 가지이다.

첫째는 지진, 쓰나미 같은 지구학적 위기이고, 둘째는 지구 온난화에 따라 태풍과 집중호우가 갈수록 심해지는 데 따른 풍수해·해일·산사태 같은 기상학적 위기이며, 셋째는 지구상의 인적교류가 활발해지고 테러 가능성이 커지면서 항생물질에 내성을 가진 균·독감·유행성 출혈열 같은 감염병학적 위기로 위험이 높아져 가고 있는 점이다.

이 가운데 세 번째의 의료·건강·감염병 대책에 대해서는 이 책에서 다루지 못하였다. 또한 현대사회에서는 범죄예방, 테러 및 전쟁을 억제하고 예방하는 외교, 경제위기를 사전에 방지하는 것도 중요한 과제이다. 옛사람들의 경험과 지혜는 미래에도 유효할 것이다. 기회가 된다면 넓은 의미의 '위기관리 역사학'을 써 보고 싶다.

동일본대지진 이후 역사상의 지진 관련 서적이 많이 출판되었는데, 대개가 이과 계통 연구자들의 저술로 지진과 쓰나미의 실태를 밝히는 것이어서 많은 참고가 되고 있다.

한편, 이 책은 지진과 쓰나미가 아닌, 사람을 주인공으로 하여 쓴 방재사 관련 서적이다. 조상들에게서 재난 예방에 관한 지혜를 배우는 한편으로 재난에 부대끼면서 재해로 인해 변해가는 인간의 역사로 읽어 주신다면 고맙겠다.

2014년 9월

이소다 미치후미

지은이 옮긴이 소개

지은이_ 이소다 미치후미(磯田道史)

1970년 오카야마현(岡山県) 출생. 게이오 기주쿠 대학(慶応義塾大学)대학원 문학연구과에서 박사학위 취득 후 이바라키 대학 조교수, 시즈오카 문화예술대학 교수 등을 거쳐, 2016년 국제일본문화연구센터 준교수, 2021년부터 교수로 재직 중이다. 일본의 역사학자로 일본 근세 근대사와 일본 사회 경제사를 전공하고 있으며, 본서로 63회 일본 에세이스트 클럽상을 수상했다. 또한, 2018년에는 이타미 주조상을 수상하였다.

2003년에 간행된 학술 교양서 『무사의 가계부(武士家計簿)』가 베스트셀러가 되는 한편, 동일 제목의 영화로까지 제작되어 개인적으로는 저자를 일약 스타 학자로 만들었을 뿐만 아니라 에도시대의 무사에 대한 실증적인 연구에도 큰 역할을 하였다. 그 외에도 『근세 다이묘 가신단의 사회구조』, 『영주님의 통신부』, 『에도의 비망록』, 『사심 없는 일본인』, 『역사를 즐기는 법』, 『시바 료타로를 통해서 배우는 일본사』 등 다수의 저서가 있다.

옮긴이_ 강희숙

조선대학교 국어국문학과 교수.

조선대학교 인문학연구원 HK⁺ 사업단장. 한국어 사회언어학과 방언학 분야에서 폭넓고 다양한 주제로 연구를 수행해 왔으며, 최근 들어서는 재난인문학의 이론적 배경과 개념사 및 재난 담론에 대한 분석으로 연구주제를 확장하고 있다. 『사회언어학: 언어와 사회, 그리고 문화』(공저), 『사회언어학사전』(공저), 『언어와 금기』(공저), 『한국인 이름의 사회언어학』(공저)을 비롯하여 『자료로 보는 일본 감염병의 역사』(공저), 『재난공동체의 사회적 연대와 실천』(공저), 『재난시대의 언어와 담론』(공저) 등의 저서와 함께 『현대음운론입문』(공역), 『언어 변이와 변화』(공역) 등의 번역서 및 70여 편의 연구논문이 있다.

옮긴이_ 이덕배

전남대학교 일어일문학과 명예교수. 한국일본어교육학회 제15, 16, 17대 회장. 「일본어 조동사 ちゃう의 성립과정 연구」로 한양대학교에서 박사학위를 받았다. 저서로『ちまう·ちゃう考-明治時代の使用実態についての社会言語学的研究-』,『일본한자 연습』,『키워드로 읽는 일본어학1』(공저),『일본문화사전』(공저) 등이 있고, 역서로『제 2언어습득과 일본어교육』,『현대음운론입문』(공역)과 함께 50여 편의 논문이 있다.

조선대학교 재난인문학연구사업단
재난인문학 번역총서 05

천재지변으로 비춰본 일본의 역사

조상으로부터 배우는 방재

(원제: 天災から日本史を読みなおす―先人に学ぶ防災)

초판1쇄 인쇄 2023년 2월 3일
초판1쇄 발행 2023년 2월 17일

기획   조선대학교 재난인문학연구사업단
지은이   이소다 미치후미(磯田道史)
옮긴이   강희숙 이덕배
펴낸이   이대현
편집   이태곤 권분옥 임애정 강윤경
디자인   안혜진 최선주 이경진
마케팅   박태훈

펴낸곳   도서출판 역락
출판등록   1999년 4월 19일 제303-2002-000014호
주소   서울시 서초구 동광로 46길 6-6 문창빌딩 2층(우06589)
전화   02-3409-2060
팩스   02-3409-2059
홈페이지   www.youkrackbooks.com
이메일   youkrack@hanmail.net

ISBN   979-11-6742-279-8 94300
       979-11-6742-222-4 (세트)